HALT

A VITTORIO EMANUELE II. I MILANESI
Motta
Motta
Motta

Entdecken Sie Mailand und die Lombardei!

In Mailand lernt man europäisch denken, in der Lombardei über Schlösser, Seen und Berge staunen

Die lombardische Landschaft zwischen Alpen und Po-Ebene ist wie Kino: abwechslungsreich, mit rasanten Bildwechseln, voller vergessener Requisiten und kaum glaubhafter Idylle und Farben. Felder, Wälder, Wiesen endlos. Flüsse, Seen, kleine Städte und Dörfer darin verstreut. Wuchtige Berge, die in sanfte Hügel übergehen und sich in Seeufern mit üppiger Vegetation von mediterraner Pracht verlieren. Überall die Zeichen jahrtausendelanger, altehrwürdiger Zivilisation. Hier ein Kirchlein, da ein verwunschen wirkender Gasthof, dort ein Marktplatz mit berühmtem Bauwerk, später ein grasgepolsterter Wanderweg, der sich zwischen altem Baumbestand davonschlängelt. Schlösser und Burgen, verwitterte Gemäuer und freskengeschmückte Herrenhäuser. Paläste mit zweigeschossigen Arkaden, Residenzen, durch die noch der Hauch höfischer Grandezza streicht, und immer wieder eine Piazza zum Träumen.

Gotteshaus und Konsumtempel: An Mailands Domplatz liegt auch die Galleria Vittorio Emanuele

Die Reise durchs Land der schönsten Seen und meisten Schlösser Italiens wird unversehens zur Zeitreise. Hier atmet alles Geschichte aus, die Architekturstile von Jahrhunderten überlagern sich harmonisch, und selbst kleinere Städte stecken noch voller historischer Schätze.

Mittendrin aber, wie eine plötzliche Fata Morgana, wie ein Kulturschock, die Metropole: Mailand. Total gegenwärtig, schrecklich laut, geschäftig, weitläufig und durchbraust von einem wahrhaft infernalischen Verkehr, immer turbulent und ziemlich *duro* – Italiens heimliche, unheimliche Hauptstadt. Hier werden Trends gemacht, Zeichen gesetzt. Das Motto ist immer brachial: Mode oder Misere. Design oder nichts sein. Erfolg oder Absturz. Nirgendwo auf dem Stiefel ballen sich mehr kreative Zeitgenossen:

Designer, Modeschöpfer, Werber, Medienmacher, (Lebens-)Künstler. Mailändisches Design hat die gesamte Entwicklung moderner Gebrauchsgüter weltweit beeinflußt, Mailands Modemessen werden mehr beachtet als die Laufstege in Paris und New York. Hier residieren die bedeutendsten Verlage, die größten privaten Fernsehanstalten, erscheint die angesehenste Tageszeitung Italiens. Während die eine Generation der Kreativen gerade von sich reden macht, sitzt die nächste schon in den Startlöchern. Die Kulturträger, die Italiens einzige wahre Großstadt repräsentieren – Rom oder Neapel sind Versammlungen von Dörfern –, sammeln auf ihren Streifzügen rund um den Globus in ihren Köpfen die Ideen, die sie dann in ihren perfekt gestylten, innerstädtischen Studios auswerten, aufarbeiten und zusammenfügen zu Modekollektionen, Accessoires-Serien, Duftnoten und künstlerischen Werken ganz eigenen, eben des Mailänder Stils.

Sie sollten Ihre Reise auf dem Mailänder Domplatz beginnen. Stellen Sie sich mitten auf den Platz, eingekreist von vorbeistrudelnden Touristengruppen und palavernden Einheimischen, umflattert und umgurrt von Tauben und Idiomen, und schnuppern Sie Atmosphäre. Wenn Sie von diesem Standort aus Ihren Blick die Runde machen lassen, haben Sie nicht nur das Herz der Stadt im Blick, sondern zugleich die ganze Schönheit und die ganze Problematik dieser Metropole. Das kühn emporstrebende Marmorgebirge des Doms, ein Gebäudekonglomerat mit tausend spitzen Türmchen, wirkt massiv und federleicht zugleich. Der Dom ist das Zentrum der Stadt. Seit mehr als einem halben Jahrtausend wird an ihm gebaut, das italienische Form- und Raumgefühl hat sich mit diesem mächtigen Bauwerk grandios die Gotik anverwandelt. Nachts ist der Dom angestrahlt wie eine Theaterkulisse. Tagsüber sammelt die graurosa Tönung des Marmors das Licht und gibt es leuchtender zurück.

Das Herz Mailands ist, städtebaulich gesehen, brutal zerrissen. Die Stadt ist zu schnell gewachsen, um die Jahrhundertwende zu rasant in die Moderne katapultiert worden, und zu rasch hat man daraufhin die vorwiegend kleinteiligen Rudimente ihrer mittelalterlichen Gestaltung geschleift und auf ihnen metropolitane Merkmale errichtet. Doch der explodierenden Entwicklung war Mailand nie ganz gewachsen. Die Stadt wurde weltstädtisch wie keine andere italienische Großstadt, und doch haftet ihr etwas Kleinstädtisches an. Mailand ist vital und produktiv, aber auch gelähmt und selbstzerstörerisch. Alles ging zu schnell, verlief zu widersprüchlich, harmoniert nicht mit der Rückständigkeit des Umlands, schockiert und provoziert. Mailand: die Stadt der Schick-, Scheck- und Schockereignisse. Vor allem Italiener, denen das ungeliebte Industriezentrum im Norden mit den weit über dem Durchschnitt liegenden Einkommen beängstigend mitteleuropäisch erscheint, wie eine Schwester von Zürich, eine Cousine von Frankfurt. Das Janusköpfige Mailands ist auch im doppeldeutigen Wappen der Visconti, der mittelalterlichen

Zwei Jahre lang der Arbeitsplatz von Leonardo: Santa Maria delle Grazie

Herren der Stadt, festgehalten: eine Schlange, aus deren Maul ein Mensch bis zur Hüfte herausragt. Verspeist sie ihn gierig, oder speit sie ihn angewidert aus?

Auch für den Besucher Mailands stellt sich die Faszination nicht gleich beim ersten Stadtgang ein. Er spürt den geschäftigen Puls der Metropole, die Modemekka ist, Medienzentrale, Gourmethochburg, politisches Zentrum, Bankenplatz, Haupthandelsort, Kunstmarkt und Vergnügungspflaster. Aber viele Straßen sind schmutzig, manche Viertel wirken wie abgehängt, und auf einigen Plätzen und Straßen herrscht die Anarchie der dritten Welt mit Bergen von Unrat und abgerissenen Gestalten dazwischen. Die Stadt ist zu laut, zu schrill, zu dissonant – mehr von New Yorker Kampf- und Überlebensbrutalität geprägt als von mediterraner Sinnlichkeit und Leichtlebigkeit. Die Metropole, die sich für die lebendigste Italiens hält und auch eindeutig Zentrum von Finanz- und Kulturwelt ist, glaubt selbstbewußt, sich auch die Wachstumsringe sozialer Verwahrlosung leisten zu können.

»Italien ohne Sizilien macht kein Bild in der Seele«, hat Goethe festgestellt. Wenn Sizilien die Seele Italiens ist, dann ist Mailand der Kopf. Als mehr kopf- und weniger herzbestimmte Stadt, deren Rhythmus Getriebenheit ist – ein forscher, militärisch anmutender Marschschritt bei männlichen, ein hurtig stöckelnder Stakkatoschritt bei weiblichen Bewohnern –, erscheint Mailand auf den ersten Blick nicht als einladende Metropole. Dieses Schicksal teilt sie übrigens mit den meisten norditalienischen Großstädten, mit Genua, Turin, Bologna, Triest und Trient. Für viele Italienreisende war Mailand nur Durchgangsstation. Über die Stadt, die als Mediolanum, Ort der Mitte, schon vor der Zeitenwende ein Schnittpunkt wichtiger Handels- und Verkehrswege war, ist viel weniger geschrieben worden als über andere italienische Zentren, und was es an Mailand-Literatur gibt, ist – im Vergleich etwa zu Florenz – gering.

Nur: Seltsam muten die Gesetze an, nach denen eine Stadt zur Touristenattraktion erhoben wird, so daß man sie wegen Überfüllung fast schließen muß – wie Verona oder Siena –, während eine andere – eben Mailand – nicht nur ebensoviel, sondern alles in allem mehr zu bieten hat, aber auf der Rangliste touristischer Traumziele nicht im oberen Drittel rangiert. Mailand mangelt es weder an Sehenswürdigkeiten noch an historischer Substanz, und seine pittoreske Vielfalt, die stillen Winkel, die Tupfer Grün und die Parks stehen dem Angebot anderer europäischer Metropolen keineswegs nach. Keine andere Stadt in Italien hat eine ähnlich große Aufbauleistung vollbracht wie Mailand, dessen Zentrum durch die Bombenfracht der Alliierten 1943 nahezu ausgelöscht worden war. Fast alle historischen Bauten sind originalgetreu restauriert worden, Kirchen ebenso wie Paläste aus der Renaissance und dem Barock (als Mailand unter spanischer und österreichischer Herrschaft war), mittelalterliche Wehranlagen und Tore aus dem Klassizismus, Gebäude und Passagen aus der Jugendstilepoche. Kaum irgendwo in Europa kann man so vielfältig einkaufen, sich auf Schritt und Tritt mit Kunst und Design auseinandersetzen, Kultur-Highlights erleben und Vergnügen jeder Art genießen. 1994 hat das unabhängige italienische Wirtschaftsmagazin »Il sole 24 ore« eine Rangliste heimatlicher Orte mit der besten Lebensqualität ermittelt. Bei der Bewertung waren Faktoren wie Freizeitangebote, Umweltbedingungen, Kriminalität und medizinische Versorgung Grundlage. Auf den ersten 19 Plätzen dieser Liste finden sich nur kleine bis mittelgroße Orte. Als erste Großstadt folgt Mailand auf Platz 20, noch vor Florenz an 30. und Rom an 33. Stelle.

Mailand ist die ideale Touristenstadt für den Besucher, der das Erlebnis eines fremden Ortes im unbegrenzten Stadtlaufen sucht. Für diesen Besucher geizt Mailand nicht mit Reizen und Überraschungen, während es dem Durchreisenden schnöde und mondän die kalte Schulter zeigt. Man muß in der Stille des Vorhofs einer romanischen Basilika gesessen haben, durch die klassizistischen Parkanlagen geschlendert sein und an den *navi-glie*, den Kanälen, nachts das Spiel des Mondlichts im sanft gekräuselten Wasser verfolgt haben. In der Millionenstadt gibt es ein enormes Potential an versteckter Schönheit zu erkunden. Die Stadt ist für Flaneure gebaut, für neugierige Fußgänger ohne allzu enges Zeitlimit, die in Winkel gelangen, in die kein Sightseeing-Bus paßt. Sie werden ein Mailand erleben, das so wirkt wie ein raffiniert gemachtes Bilderbuch, das beim Umblättern eine sich dramatisch steigernde Vielfalt zeigt.

Wie könnte es auch anders sein bei einer Stadt, die sich über 50 Kinos und 45 Bühnenhäuser für Theater, Musik und Kabarett leistet, die besten und teuersten Restaurants des Landes und mit den Einkaufsgassen um die Via Monte Napoleone herum das vielleicht schickste Modezentrum der Welt. Die im gemütlichen Breraviertel eine Kunstakademie besitzt, die zu den führenden ihrer Art gehört, eine Pinakothek, die zum bedeutendsten Museum für moderne italienische Kunst avancierte, die Künstler und Kunstgalerien als selbstverständlichen Teil des urbanen Lebens betrachtet und Italiens bekannteste Architekten beherbergt. Wo die Modezaren ihre Adressen haben. Wo es mit dem Viertel um die *naviglie*, die Wasserstraßen, und dem gemütlichen Brera Greenwich Village und Soho auf einmal gibt.

Die Stadt, die so abweisend sein kann, offenbart sich dem sensiblen Spaziergänger auf geradezu intime Weise – gleich hinter der lebhaften Kreuzung Via Carducci/Via S. Vittore, keine zehn Minuten vom Domplatz entfernt. Im Viertel Sant'Ambrogio ist die Seele Mailands konserviert, so wie der heilige Bischof Ambrosius, der ihm seinen Namen gab. In der Krypta der Basilika im kargen, romanischen Stil, in der der *santo*, der Heilige, vor 1600 Jahren predigte, liegt er aufgebahrt unter dickem Kristallglas. Sant'Ambroeus, wie er im Dialekt genannt wird, ist Mailands Schutzheiliger. Besonders der Verliebten, die sich, der Tradition gemäß, hier gern trauen lassen.

Sant'Ambrogio repräsentiert in konzentrierter Form die gesamte calvinistische Leistungsethik der Lombardei. Nirgendwo ist Mailand mehr *milanese* als hier. Nirgendwo ist Italien weniger italienisch. Südländische Grandezza und Melodramatik sind in den Gassen nicht anzutreffen. Wer hier wohnt, verhält sich diskret, und wenn er vermögend ist, und das sind hier viele, stellt er das nicht zur Schau. Das gepflegte Sant'Ambrogio erinnert an das schweizerische Lugano, während Neapel auf einem anderen Planeten zu liegen scheint. Hier geht es gediegen zu, stilvoll, ein bißchen gravitätisch. Euphorische Ausrufe wie »Bellissimo!« bekommt man kaum zu hören. Hier sind die reichsten Italiener, die elegantesten Frauen und die letzten unverwüstlichen Aristokraten in stattlicher Anzahl leibhaftig zu besichtigen. Hier wird man keine hektischen Zeitgenossen sehen, die abgehackte Sätze in ein zusammenklappbares *telefonino* brüllen. Dafür distinguierte Herren im tadellosen Zweireiher und ganz junge Mädchen, die mit ihren Kaschmirstrickjäckchen, bis über die Knie reichenden Röcken und viereckigen Handtaschen am Arm ausstaffiert sind wie ihre zukünftigen Schwiegermütter. In einem Ambiente, das mitunter atemberaubend ist. Im Schatten der Kauf- und Geschäftshäuser, in denen Touristen aus aller Welt dem Konsumrausch verfallen und zufriedene Manager sich über ansehnlichen Bilanzen die Hände reiben, residieren vornehme Grafen, Bankiers und Fabrikanten in prachtvollen lombardischen Palazzi und Bürgerhäusern aus der Jahrhundertwende, deren Fassaden lediglich vom allgegenwärtigen Mailänder Smog verdunkelt worden sind. Das Straßenpflaster ist aus mächtigen, rotschwarzen

In jeder Lebenslage eine »bella figura« zu machen ist oberstes Gebot in Mailand – die zwei Herren machen's vor

Steinbrocken zusammengefügt, und durch schmiedeeiserne Gitter und Panzerglas lugt der Müßiggänger in gepflasterte Innenhöfe voller Renaissancestatuen und in dichtbewachsene Gärten. Die Infrastruktur des Viertels, dessen Immobilienpreise in astronomischen Höhen liegen, ist ganz auf die exklusiven Bedürfnisse der überwiegend Alteingesessenen zugeschnitten. Patisserien, die aussehen wie Bonbonnieren, ein Hundesalon mit hellblauen Kacheln, Antiquitätengeschäfte voll wunderschön restaurierten Mobiliars zu fast unerschwinglichen Preisen, die *drogheria*, in der es nach Pastetchen, Hummer und eingelegten Trüffeln duftet. Die Herrschaften schicken vormittags Heerscharen somalischer Haushälterinnen zum Einkauf, und wenn sie einmal selbst erscheinen, geben sie sich klassenbewußt und zerdrücken das »r« ganz leicht auf der Zungenspitze, um es herunterzuschlucken. Das gilt in den höheren Kreisen Norditaliens als vornehm.

Während sich Mailand in seinem Zentrum, vor allem im Goldenen Dreieck, wo alle großen und ehrgeizigen Markennamen der Welt mit meisterlichen Schaufensterdekorationen Flagge zeigen, schamlos neureich, versnobt und exaltiert gibt, geht es hier, nur zwei Kilometer von den Shopping- und Gourmettempeln der Schickeria entfernt, solide, konventionell, ja streng zu. Es gilt nur der Name, kein Label, es geht nur um das Ansehen, nie um den Zeitgeist. *Fare bella figura*, eine gute Figur machen – das ist hier Alltagskorsett, Existenzberechtigung.

Natürlich sieden hinter den properen, teilweise auch verwitterten Fassaden von Sant'Ambrogio die Begierden genauso wie anderswo in Mailand. Doch nichts davon dringt nach außen. Und von draußen kommt, offiziell jedenfalls, kaum etwas hinein in die Welt von gestern, die bei den mit Stilmöbeln ausgestatteten Pförtnerlogen beginnt. Das chaotische Italien mit Mafia, Parteienverdrossenheit und wirtschaftlichem Niedergang hat kein Zutrittsrecht. Kreuzgänge durchweht die meditative Stille des Mittelalters, Mahagonifahrstühle im Jugendstil wetteifern mit Deckenfresken aus mittelalterlicher Zeit. Die Palazzi sind erleuchtet von Kristallüstern, bestückt mit Bronzeskulpturen und erfüllt vom Geruch der knisternden Holzscheite in breiten Marmorkaminen. Das

Mailänder Geld arbeitet durchaus sehr neuzeitlich und vermutlich höchst effizient als Beteiligung an Versicherungsgesellschaften, Banken, Ländereien und Immobilien, zeigt sich aber in Sant' Ambrogio in zeitlosen Werten und fast panischer Scheu vor neureichem Protzgehabe.

Sant'Ambrogio ist nicht Mailand, sondern nur der kleine und feine Teil dieser turbulenten Großstadt. Doch ohne dieses Viertel ist Mailand nicht zu verstehen. Hier ist es auf die Spitze getrieben, das kokette Spiel, das diese Stadt mit ihren Besuchern treibt. Sie deutet nur an. Der Stadtläufer ahnt, daß sich hinter oft schmucklosen Mauern mehr verbirgt, als von außen zu sehen ist. Er wird entzückt sein, wenn ihm hier und da Einblicke gewährt werden, die ihm das Wesen dieser Stadt, das lombardische Wesen, wie mit einem Schlag deutlich machen. *Benvenuti a Milano.*

Die schrecklichen Zeiten, die Italien, von Wirtschaftskrise und Unglaubwürdigkeit der Politik gebeutelt, gerade durchmacht, haben auch in Mailand Spuren hinterlassen. Die stolzen und rechtschaffenen Lombarden sind einfach stinksauer über den ständigen römischen Pfusch, der Schindluder treibt mit ihren Steuergeldern. Zwar hat die Stadt stets den Blick vom zentralistischen Rom abgewendet und als Metropole ein Selbstbewußtsein entwickelt, das in dem festen Glauben gründet, europäischer Vorreiter zu sein. Doch das Selbstbewußtsein ist angeschlagen, nachdem lokale Macher und Parteifunktionäre mit Handschellen und gebrochenen Stimmen vor Gericht erschütternde Bekenntnisse ablegten und täglich neue Hiobsbotschaften über die Verstrickung von Teilen des Mailänder Unternehmertums mit dunklen Kreisen die Gesellschaft in Aufregung versetzen. Schwarze Schafe in den eigenen Reihen – kein Skandal im skandalträchtigen Rom kann diese Schande aufwiegen. Die *meneghini*, die selbstbewußten Ureinwohner, reagieren auf einzig angemessene Weise: Die Portale bleiben künftig vor dem undurchsichtigen Reichtum verschlossen, ein puristischer Trend zur Ehrenhaftigkeit hat sich ausgebreitet. Die stolzen Lombarden zeigen sich entschlossener denn je als Italiens Preußen und Schwaben zugleich: Disziplin, Fleiß und Sparsamkeit sind Koordinaten ihres Handelns.

Das ist eine Leistung, denn das viele Geld der siebziger und achtziger Jahre war selbst für Mailand zuviel. Die Stadt machte Anstalten, den *tangenti*, den Schmiergeldern, auf den Leim zu gehen. Die Invasion der Stylisten, die straßenweit die Stadthäuser des bankrotten oder minderbemittelten Industriebürgertums aufkauften, sie bombastisch aufschminkten und mit neoklassischem und ultramodernem Mobiliar vollstellten, rauschende Feste veranstalteten und dabei einer exhibitionistischen Mittelschicht Gelegenheit gaben, ihr Vermögen demonstrativ zur Schau zu stellen, verdarb zunehmend die Stimmung in der Stadt. Zweifelhafte Geschäftsleute, reiche Industrielle und superreiche Finanziers tummelten sich mit bedeutenden Kunstkritikern und einflußreichen Verlegern im

Kreise ansehnlicher Fotomodelle, Parvenus und überkandidelter Modejournalistinnen. Tags darauf waren die Zeitungen voller Tratsch, und genau das war es, was die wahren Mailänder schließlich wieder zwischen Sein und Schein unterscheiden ließ. Nach wie vor gibt es in dieser Stadt keine größere Sünde als jene der Angeberei. Der Mailänder hält sich bedeckt, seine Haltung gegenüber Fremden ist freundlich, aber grundsätzlich reserviert. Er weiß die Annehmlichkeiten eines pekuniär gut abgepufferten Lebens durchaus zu schätzen, fährt jedoch einen wenig auffälligen Mittelklassewagen und versteckt seine Yacht in der Karibik, anstatt sie im Ligurischen Meer dümpeln zu lassen. Sich in der Zeitung gedruckt zu sehen, das ist das letzte, was er will. Und den ehrenwerten Namen in Verbindung gebracht zu sehen mit Mafia und Korruption, das ist das Schlimmste, was dem Mailänder widerfahren kann. Denn noch mehr als um eine gute Figur ist er bemüht, keine schlechte zu machen.

Die Zeit des kollektiven Traumas geht jedoch zu Ende, die politische Wende in Italien wurde nicht zufällig in der lombardischen Hauptstadt eingeleitet. Sie setzte 1992 mit der Aktion *mani pulite* (Saubere Hände) ein, als Mailänder Ermittlungsrichter schonungslos das dichte Netz von Korruption aufdeckten, in dem Politiker und Wirtschaftsführer miteinander verstrickt waren. Parteiführer und Minister mußten ihre Ämter aufgeben, ein Machtkartell stürzte nach fast fünf Jahrzehnten zusammen. Das Mailänder Großreinemachen führte dazu, daß Italiens Erste Republik in Trümmer fiel und Parteien wie die Christdemokraten, die den meisten Italienern als gottgegeben galten, sich auflösten. Auf den Trümmern des Zusammenbruchs, verbunden mit gigantischen Staatsschulden, hoher Arbeitslosigkeit, dem Kursverfall der Lira und großen Ängsten im Land, wird nun versucht, eine neue Republik aufzubauen – vor allem durch Mailänder, die mit dem schillernden Megaunternehmer Silvio Berlusconi und anderen unverbraucht wirkenden Machern ein neues Italien mit Anschluß an Europa schaffen wollen.

Doch typisch Mailand: Die Initiative zum spektakulären politischen Umsturz mit weitreichenden sozialen Folgen für das ganze Land ging von hier aus, doch jetzt, nachdem es im großen und ganzen vollbracht ist und den einst allmächtigen Parteichefs in Mailand der Prozeß gemacht wird, wenden sich die anständigen Lombarden schon wieder von der Politik ab. Die individualistischen Mailänder mit ihrer ausgeprägten Liebe zur Privatinitiative verbindet die Abscheu vor dem Staat. Zwar haben sie ihn jetzt wieder halbwegs in Ordnung gebracht – aber das war's dann. Merke: Mailand ist eine aristokratische Stadt, die sich viel auf ihre großbürgerlichen Tugenden zugute hält. Trotz ihrer Verschlossenheit gilt der Satz von Stendhal, dem großen französischen Schriftsteller des 18. Jahrhunderts: »Milano è la città dove s'impara a pensare europeo« – Mailand ist die Stadt, in der man lernt, europäisch zu denken.

Dazu paßt das Umland, die Lombardei. Ist Mailand ein Kondensat der Moderne und kulturell aufgeschlossen, zeigt die Lombardei viele Gesichter. Hier haben die Mailänder im Naherholungsradius alles, was sie brauchen, wenn ihnen die stickige Stadt die Luft nimmt. Die Valtellina an der Grenze zur Schweiz ist völlig alpenländisch geprägt, auch im oberitalienischen Seengebiet mit den Provinzen Como, Varese, Bergamo und Brescia setzen die Gebirge schroffe Akzente, während es an den Seeufern bereits üppig sprießt. Südlich dieser Provinzen erstrecken sich weite Hügellandschaften wie die Brianza unterhalb von Como mit meist sattgrünen Flußtälern. Der Westen der Lombardei gehört zum Ticino-Tal und die Mitte zum Adda-Tal. Landschaftliches Einerlei gibt es nirgendwo in der Region, die von recht unterschiedlichen geographischen Markierungen begrenzt ist: von den nördlichen Alpenbergen, den südwestlichen Apenninhöhen, dem Lago Maggiore und dem Fluß Ticino im Westen, dem Po im Süden und dem Gardasee im Osten.

Liebliche Landschaften wechseln mit rauhen Bergzonen. Wunderschön modellierte Täler laden zu Wanderungen und steil aufragende Berge, darunter der größte Gletscher Italiens, der Ghiacciaio dei Forni, zu Besteigungen und zum Wintersport ein. Die merkwürdig länglichen oberitalienischen Seen wiederum, die ihre Form großen Eiszeitgletschern verdanken, locken mit einem ausgesprochen milden Klima, so daß, vor allem am Lago Maggiore, Vegetation und Stimmung südlich anmuten. Licht und Wärme wirken atmosphärisch hell und heiter und ziehen Menschen seit Jahrhunderten in den Bann dieser leuchtenden Gewässer. Das ist uraltes Kulturland. Dante fand hier seine Beatrice, Franz Liszt komponierte in einem Teehaus, und selbst Konrad Adenauer spielte am Comer See Boccia.

Die Renaissancestadt Sabbioneta war Ideal der Stadtplaner – im 16. Jh.

Den Unterschied zwischen dem Industriezentrum Mailand und der Lombardei zeigt der Nebel. Über der Metropole liegt er hauptsächlich im Herbst als grauer Smog, ein ärgerlicher Steinfraß an Palastportalen und Kirchenstatuen, während er auf dem Land aus Flußauen dampft und Bauernhöfe und Dörfer wie in einen Wattemantel hüllt. Dieser Nebel ist in Mailand lästig, der lombardischen Erde aber gibt er Feuchtigkeit und fruchtbare Schwere. Das Gras ist hier grüner als anderswo, das Korn steht in voller Pracht auf den Feldern, und die lombardischen Pappeln sind Weltmeister im Wachsen. Dieser Umstand sorgt dafür, daß die Lombardei trotz der Industrialisierung ein Agrarland geblieben ist. Selbst die weltstädtischen Mailänder zeigen mit ihrem nüchternen, pragmatischen Handeln, daß sie ihre bäuerlichen Wurzeln nicht verleugnen können. Und es verrät viel über die Großstädter, daß sie im Wochenendrausch und in den Ferien nur ein Ziel haben: raus aus der Stadt.

Im gebirgigen Norden, etwa der kargen Valtellina, gedeihen auf handtuchbreiten, den Bergen abgerungenen Terrassen süffige Weine, während sich im Süden, in der Po-Ebene zwischen Cremona und Mantua, Pappeln in endloser Reihe im Wind wiegen und auf überdimensionierten Feldern Getreide und Reis reifen. In ihren Dörfern und Städten ist die Lombardei vollkommen Provinz, im besten Sinn des Wortes – als Heimat, als auf den Menschen bezogener Raum, der übersichtlich ist und Geborgenheit schenkt. Kopfsteingepflasterte Plätze, schmale Gassen, alte Zypressenalleen, verwunschene Parks hinter schmiedeeisernen Barockgittern, verwitterte Straßenlauben. Wer durch die vornehme Oberstadt Bergamos flaniert oder das noble Monza durchmißt, in Brescia die steinernen Zeugen aus Römerzeit, Mittelalter und Renaissance sieht, die alte Gelehrtenstadt Pavia besucht, im leichtlebigen Mantua das Treiben auf der Piazza beobachtet und sich im mittelalterlichen Stadtkern von Cremona der Beschaulichkeit dieses Ortes überläßt, spürt auf Schritt und Tritt die reiche kulturelle Vergangenheit der Lombardei und die Vitalität einer leistungsfähigen Handelswirtschaft.

Auch das hat Tradition. Die Kaufleute sind seit dem 12. Jahrhundert rege bemüht, ihren Besitz zu mehren, als *lombardi* wurden sie in ganz Europa ein Begriff – wovon die Lombard Street in London, die Lombardsbrücke in Hamburg und der Lombardkredit als Bankenbegriff zeugen. Bis heute wird hier der typische italienische Stil repräsentiert, der weltweit zum Synonym geworden ist für modische Phantasie, guten Geschmack und seriöse Verarbeitung.

Für die Lombardei gilt nach wie vor, was Stendhal, der den italienischen Norden so liebte, dazu veranlaßte, siebenfach zu begründen, warum er hier bleiben wollte: um klare Luft zu atmen, dem Auge großartige Landschaften zu gönnen, sich zu verlieben, schöne Bilder anzuschauen, gute Musik zu hören, großartige Kirchen zu besuchen und überall klassische Statuen um sich zu haben.

Geschichtstabelle

400 v. Chr.
Erste Besiedlung der Lombardei durch keltische Insubrer

222 v. Chr.
Mediolanum, Stadt in der Mitte, gerät unter römische Herrschaft

313
Kaiser Konstantin erläßt das »Mailänder Edikt«, wodurch die Christenverfolgungen zu Ende gehen

374
Ambrosius wird Bischof von Mailand, das neben Rom geistliches Zentrum von Italien ist

452
Hunnenkönig Attila verwüstet Mailand

539
Mailand wird im Krieg zwischen Goten und Byzantinern zerrieben

569
Die germanischen Langobarden erobern die Lombardei

Ende 8. bis Mitte 10. Jh.
Machtkämpfe zwischen lombardischen und karolingischen Fürsten

1091
Oberitalienische Stadtstaaten gründen Lombardischen Bund

1176
Sieg der Lega Lombarda gegen die kaiserlichen Heere

12./13. Jh.
Bau des Naviglio Grande

1277
Machtübernahme der Visconti

1529
Unter Karl V. wird Mailand Spanien zugeschlagen

1706
Unter Kaiser Joseph I. übernehmen die Habsburger die Macht in der Lombardei

1796
Napoleon erobert Mailand

1805
Napoleon krönt sich zum König Italiens

1848
Beginn des ersten Unabhängigkeitskrieges

1898
Generalstreik in Mailand mit 81 Toten

1922
Faschistenführer Benito Mussolini übernimmt die Regierung

1945
Mussolini wird auf der Flucht in die Schweiz von Partisanen bei Como hingerichtet

1946
Abdankung des Königs nach Volksentscheid für die Republik, Gründung der Region Lombardei

70er Jahre
Nach zwei Gebietsreformen erhält die Lombardei weitgehend Autonomie als Region

Von bella figura bis Wasserqualität

Notizen zu Kunst und Korruption, Klima und Kanälen

Bella figura

In der Lombardei schließt sich das direkt an die Zehn Gebote an: *fare bella figura* – nie Schwächen zeigen, immer eine gute Figur machen, sich stets von der besten Seite zeigen, nie sein Gesicht verlieren. Das gilt unerbittlich im Privat- wie im Berufsleben. Der Mailänder und noch mehr die Mailänderin weiß, was man anzieht, wie man sich gibt, worüber man mit wem redet und daß es sich einfach nicht gehört, sich bei Kellnern oder Dienstboten anzubiedern. Wenn allerdings eine Frau einen Mann in der Öffentlichkeit lächerlich macht oder zwei Geschäftspartner miteinander streiten und der eine der beiden den kürzeren zieht, wird das *brutta figura* genannt und beschädigt das Image des Unterlegenen. Ein unerträglicher Vorgang für einen stolzen Lombarden.

Bevölkerung und Geographie

Die Lombardei ist mit 23 856 qkm viertgrößte Region Italiens.

Wie die Isola Bella im Lago Maggiore zu ihrem Namen kam, bedarf keiner langwierigen Erklärung

8,9 Millionen Menschen leben in der Lombardei, von denen rund zwei Prozent Ausländer sind. 373 Einwohner teilen sich den Quadratkilometer, neben der Provinz der Hauptstadt Mailand gibt es die Provinzen Bergamo, Brescia, Como, Cremona, Lecco, Lodi, Mantua, Pavia, Sondrio und Varese. Die Fläche der kleinen und großen Seen nimmt über 1000 qkm ein, der Po strömt auf einer Länge von 110 km durch lombardisches Gebiet.

Caffè

Kaffeetrinken ist in der Lombardei – wie in ganz Italien – ein Kult, der vorwiegend in Bars zelebriert wird. Der unbekannte Gast muß wissen, was er will: *cappuccino* oder *caffè*. Beim *cappuccino* hat er die Wahl: mit oder ohne Schaum *(con o senza schiuma)*. Der *caffè* ist immer ein Espresso: *caffè macchiato* mit wenig kalter oder warmer Milch, *caffè corretto* mit einem Schuß Grappa, *caffè lungo* oder *americano* weniger stark, im Sommer *caffè freddo*, ein kalter Kaffee. Weitere Varianten sind *caffellatte* mit einem großen Schuß Milch und *latte macchiato*, Milch mit einem Schuß Kaffee.

Carroccio
Die entscheidende Schlacht fand 1176 bei Legnano im Zeichen des *carroccio* statt, als die Heere des lombardischen Bundes der *liberi comuni*, der freien Städte, den deutschen Kaiser Friedrich I. Barbarossa besiegten. Das ist im kollektiven Gedächtnis Norditaliens fest verankert. Der *carroccio* war der von Ochsen gezogene Karren, den die Truppen bei den Kriegen mitführten und auf dem der Feldpriester und das städtische Banner Platz fanden. Das rustikale Gefährt wurde dadurch zum Symbol für Freiheit und Unabhängigkeit. Heute mißbrauchen vor allem rechte und neofaschistische Gruppierungen das Symbol. Die Rede ist dann oft von *salire sul carroccio* (auf den Karren springen), womit der Anschluß an regionale Protestformationen gemeint ist.

Design
Es begann in Kellern und Hinterhöfen und ist heute der imageträchtigste »Markenartikel« der Lombardei. Interdisziplinäre Individualität und die italienische Tradition, Kunst und Handwerk nicht voneinander getrennt zu sehen, waren der Motor. Produkte des täglichen Gebrauchs, angefangen vom Stuhl über die Lampe bis zum Lichtschalter und der Kaffeemaschine, werden nirgendwo auf der Welt so formvollendet und funktionsgerecht zugleich hergestellt. Lombardisches Gebrauchsdesign ist heute in allen renommierten Einrichtungsgeschäften der Welt und sogar in Museen der modernen Kunst zu Hause. Die Designer sind hochgeschätzte Künstler: Stars wie Gae Aulenti, Ettore Sottsass oder Matteo Thun gelten als Ikonen des guten Geschmacks, ihre Gebrauchsgegenstände als Kultobjekte. Was an Entwürfen und Produkten aus lombardischen Studios und Werkstätten kommt, wird überall als Richtschnur zeitgemäßer Alltagsästhetik angesehen. Was Cannes für die Filmwelt, ist Mailand für die Designbranche.

Klima
Die Lombardei gehört zur subkontinentalen Klimazone, durch die landschaftliche Gliederung in Ebene und Gebirge herrschen aber unterschiedliche klimatische Bedingungen. Im Hochgebirge sind die meisten Skigebiete bis März schneesicher. Der Sommer ist dort warm bis heiß, der Herbst mild und die beste Zeit für ausgedehnte Gebirgswanderungen mit grandioser Fernsicht. Viele Gebirgshänge werden bis zur Höhe von 500 m landwirtschaftlich bestellt. An den Seen ist es stets milder, die großen Wassermengen sorgen für einen kontinuierlichen Wärmeaustausch mit der Außenluft, an den Ufern wachsen Pinien, Azaleen, Oleander und sogar Olivenbäume. In der Ebene, vor allem in Po-Nähe, sind die Sommer feuchtheiß. Im Winter bringt die hohe Feuchtigkeitsmenge dichte Nebelbänke hervor. Ausgeglichener, nämlich in Sommer wie Winter überwiegend mild, ist es auf den dem Apennin vorgelagerten Hügelketten des Oltrepò Pavese und in den Moränenketten vor den Seen. Die Hänge sind in niederen Lagen bis 1000 m mit Ahorn, Linden und Eichen bewaldet, in höheren Lagen mit Nadelhölzern, aber auch mit Kastanien,

die kommerziell genutzt werden. Die höher gelegenen, freien Flächen werden meist als Sommerweiden genutzt.

Lega Lombarda

»Die Lombardei den Lombarden!« lautet der hämmernde Slogan des Populisten Umberto Bossi, Gründer, Generalsekretär und Zeremonienmeister der *potentissima*, der »Superpotenten«, wie er seine 1982 entstandene Lega Lombarda nennt. In historisch verklärtem Patriotismus wird für die Abspaltung des Gebiets zwischen Alpen und Apennin geworben. Die zweitstärkste Partei in der bevölkerungsreichsten Region Italiens sammelt ihre Mitläufer im bürgerlichen Lager, bei verunsicherten Linken und Neofaschisten und bewerkstelligt die Massenmobilisierung auch mit fremdenfeindlichen Parolen. Die radikale Autonomiebewegung mit ihrem unermüdlichen, demagogischen Volkstribun an der Spitze gewinnt in der Lombardei, aber auch im Piemont, im Veneto und in Ligurien zunehmend an Bedeutung – als Sammelbecken Unzufriedener mit dem Zentralstaat, mit der Einwanderung aus dem Süden – hinter Florenz beginnt Afrika, heißt es –, mit der wachsenden Macht der Mafia. Der Kreuzzug der Protestpartei wurde vor allem durch den in den Augen der Lega-Anhänger schändlichen Steuermißbrauch ausgelöst: Der Vorwurf an Rom lautet, daß der Norden den Großteil der Steuern erwirtschafte, die Zentrale aber davon nur einen geringen Teil in die Infrastruktur Norditaliens investiere.

Medien

Italien ist ein Fernsehbabylon, das vorwiegend in Mailand gespeist wird. Die Stadt ist Standort der meisten Privatsender, die ihren Betreibern durch zahlreiche Werbeblöcke satte Einnahmen verschaffen. Vor allem Silvio Berlusconi gehört dazu, der vom

Ob mit Muster oder ohne: Lombardisches Design ist immer musterhaft

Bauunternehmer zum Medienmogul und schließlich zum Ministerpräsidenten avancierte, nachdem er sich in kurzer Zeit ein einflußreiches Kanalimperium zusammengebastelt hatte, das höchste Einschaltquoten erreicht. Die Stadt versteht sich aber auch als Umschlagplatz des geschriebenen Wortes. Hier residieren renommierte Buchverlage und werden die anspruchsvollsten Tageszeitungen und Zeitschriften herausgegeben, darunter der »Corriere della Sera«, »Il Giornale«, »Panorama« und »Epoca«.

Naviglie

Im Mittelalter stellte in der heute wasserreichsten Region Italiens der Wassermangel ein großes Problem dar. Die Lombardei war völlig versumpft, ihre Flüsse nicht reguliert, die Malaria übertragende Stechmücke dezimierte ganze Ortschaften. Schon im 12. Jh. wurden erste Kanäle gebaut, im 15. Jh. die völlige Kanalisierung der Lombardei vollendet. Mit Hilfe des Bewässerungssystems konnten die Getreidefelder auch in Trockenzeiten mit Wasser versorgt und die Reisfelder im Frühjahr geflutet werden. Außerdem nutzte der Handel die schiffbaren Kanäle als Transportwege. Das ausgeklügelte Be- und Entwässerungssystem trug entscheidend zum enormen Reichtum der Region bei und wurde Grundstock für die wirtschaftliche Bedeutung Mailands. Vom künstlichen Wasserstraßennetz, das Mailand einst umgab, sind nur zwei Kanäle übriggeblieben. Die meisten der von Unrat und Abfällen stinkenden Kanäle wurden im ersten Drittel unseres Jahrhunderts zugeschüttet. Saubergehalten werden der noch offene Naviglio Grande, der Naviglio Pavese und das sichelförmige Hafenbecken der Darsena an der Porta Ticinese, an deren Ufern die alten, bunt geformten Häuserzeilen jenen Snob-Appeal besitzen, der Künstler, Müßiggänger und Jungvolk magnetisch anzieht.

Renaissance

Die bedeutendste spätmittelalterliche Kulturepoche (15./16. Jh.) führte heraus aus der starren metaphysischen Betrachtung des Mittelalters und zur »Wiedergeburt« (Renaissance) der Klassik der Antike mit ihren ästhetisch-menschlichen Maßstäben. Die Renaissance lehrte den Blick der Perspektive, die dem Menschen am meisten gemäße Betrachtungsweise, und setzte damit eine künstlerische Energie ohnegleichen frei. Namen ganz unterschiedlicher Künstler stehen für diesen Aufbruch: Piero della Francesca, Michelangelo, Raffael, Leonardo da Vinci, Tizian. Die Lehre vom Menschen als Zentrum des Universums erneuerte die Wissenschaft, die sich von der Bibel ab- und der Natur zuwandte, und führte die Architektur zu klaren, klassischen Proportionen. Die Lombardei besitzt besonders viele bauhistorische Zeugnisse der Renaissance.

Tangentopoli

Die Wortneuschöpfung *tangentopoli* (»Schmiergeldstadt«) wird in die lombardische Geschichtsschreibung eingehen. Daß ausgerechnet das bis dahin gegenüber dem korrupten Süden moralisch integre Mailand den Namen

Schmiergeldstadt verpaßt bekam, zeitigte eine erdbebenartige Wirkung unter den *milanesi.* Es kam heraus, daß die illegale Parteienfinanzierung über Erpressung von Schmiergeldern in ganz Italien verbreitet war. Kein Unternehmen kam an lukrative Aufträge der öffentlichen Hand, ohne mit teilweise üppigen *tangenti* hohe Staatsfunktionäre zu schmieren. Filz, Vetternwirtschaft und Korruption sind in Italien von jeher bekannt, aber das Ausmaß der heimlichen Extrazahlungen erschütterte vor allem die lombardische Bevölkerung, die bis dahin nicht geglaubt hatte, daß die eigene Region so tief in die kriminellen Machenschaften verstrickt war. Wahlreformen und eine transparente Parteienfinanzierung waren Gegenstand von Volksbegehren, die Aufarbeitung des Ungeheuerlichen läuft auf vollen Touren.

Verkehr

Da die lombardische Eisenbahn selten und häufig unpünktlich fährt, sind die *autostrade* die wichtigsten Verkehrsadern. Alle benutzen sie, und es ist deshalb hauptsächlich am Wochenende, wenn alle, die dem Mailänder Smog entfliehen, oder im Sommer bei der *afa*, der schlaffmachenden Hitze, Kühlung in der Natur suchen, unterwegs sind, kein Vergnügen, im Verkehrsstrom mitzuschwimmen. Besonders schlimm sind die Mailänder dran, deren Stadtväter sich rühmen, mit ihrer Altstadt das größte für den Privatverkehr gesperrte Stadtzentrum Europas geschaffen zu haben – allerdings unter einer stabilen Inversionsglocke, die ebenfalls europäischer Rekord ist. Schuld ist neben den luftvergiftenden Tonnen von Abgasen die Topographie: Die lombardische Hauptstadt liegt in einer Ebene, die im Westen vom Apennin, im Norden und Osten von den Alpen begrenzt wird. Da weht oft wochenlang kein Hauch, der die Dunstwolke aus Industrie- und Autoabgasen zerweht. Liegen die Werte fünf Tage über der Alarmschwelle, gilt die Spielregel: ein Tag Fahrverbot für Fahrzeuge mit geraden, einer für die mit ungeraden Zahlen auf den Nummernschildern. Aber es gibt natürlich immer *furbi*, Schlaumeier, die diese Regelung zu umgehen wissen. Über 800 000 Autos rollen Tag für Tag in die Stadt. Das Verkehrsproblem hat in Mailand Tradition: Schon Ende des 17. Jhs. kam es in den engen Gassen, durch die sich 1400 Kutschen quälten, zu katastrophalen Zuständen. Leider wird es außerhalb der Mailänder Stadtgrenzen für den Fahrzeugverkehr nicht besser: Stop-and-go-Tempo auf der Autobahn und verzweifelte Parkplatzsuche in den lombardischen Städten sind üblich.

Wasserqualität

Vor allem bei den Seen, die in die Schweiz hineinragen, hat sich in den letzten Jahren in puncto Sauberkeit sehr viel getan. Das schweizerische Tessin hat seine Ufergemeinden mit einer funktionierenden Ringkanalisation ausgestattet, wovon die lombardische Seite nicht nur profitiert, sondern auch angespornt wird. In allen Seen kann unbedenklich gebadet werden, die Wasserqualität des Gardasees ist sogar an vielen Stellen als hervorragend einzustufen.

sestante
sestante

Gut behütet und zart beseidet

Und wer's ganz ausgefallen liebt, kauft eine Küchenleiter vom Stardesigner

Uhren und Schmuck
Mailand hat 700 Schmuckgeschäfte, in Como gibt es Schweizer Präzisionsuhren, und auch in Mantua oder Pavia sind in einige Schaufenster üppig steingeschmückte Preziosen geschichtet.

Mode
Mailand ist eine der Modemetropolen der Welt und die glanzvolle Hochburg der italienischen Haute Couture, ein sündhaft teures Pflaster der Modefreaks, für die alle Wege in die Straßen im Goldenen Dreieck führen. Mailand hat nicht nur Damen, sondern auch Herren Modisches zu bieten – für den Kopf. Die Huthauptstadt hat mehrere vorzügliche Kopfbedeckungsadressen. Como, das Seidenzentrum, bietet alle Träume in fließendem Stoff: Krawatten, Blusen, Unterwäsche. Beim Visitieren der vielen Boutiquen finden sich schnell Reisemitbringsel für den heimischen Kleiderschrank.

Kultadresse für Kauflustige: Wer in der Galleria Vittorio Emanuele einkauft, sollte Schecks dabeihaben – oder es beim Windowshopping belassen

Schuhe
Wer für seine Füße in Mailand nichts findet, muß eine ungewöhnliche Größe oder einen bizarren Geschmack haben. Es gibt Dutzende von Schuhgeschäften und Tausende Formen lederner Fußbekleidung von klassisch bis wild. In manchen tempelartigen Verkaufsräumen schneidet aber nur der Käufer gut ab, der ohnehin auf großem Fuß lebt.

Design
Von der Küchenleiter übers Besteck bis zur Schreibtischlampe – das typisch italienische Flair für Haushalt und Wohnzimmer wird in zahllosen Mailänder Geschäften offeriert.

Feinkost und Wein
Eine echte Mailänder Salami, Gorgonzola aus dem gleichnamigen Städtchen, eine Packung echter Risottoreis (Avorio oder Vialone) – zahlreiche der lukullischen Genüsse der Lombardei eignen sich gut als Mitbringsel; besonders natürlich die ausgezeichneten und zum Teil noch wenig bekannten Weine, z. B. aus der Franciacorta oder aus dem Oltrepò Pavese.

BIFFI
Carlsberg Beer
ROOM

Risotti, Polenta – und Blattgold

Aber heute »vergoldet« die lombardische Küche ihre Gerichte mit Safran oder Ei

Der lombardische Beitrag zur italienischen Küche sind Polenta mit Gorgonzola oder Wachteln und eine unübersehbare Fülle verschiedener Reisgerichte, der Risotti. Aus Reis wird in der Hauptstadt das *risotto milanese*, in Como das Risotto mit Fisch, in Mantua das Risotto mit Schweinefleisch und in Pavia das Risotto mit Froschschenkeln gemacht. Das *risotto milanese* verdankt seine Kreation einem Glasmaler des Mailänder Doms, der nach der Legende zur Hochzeit seiner Tochter solch prächtige Gerichte auftafeln lassen wollte, wie sie die höfische Küche servierte: dekoriert mit Blattgold. Da das zu teuer kam, wurde bei der Zubereitung des Reisgerichts Safran verwendet. Das *risotto milanese* wird in einem *soffritto* aus Butter und Zwiebeln gebraten und mit Weißwein abgelöscht. Wenn dieser aufgesaugt ist, gießt man unter ständigem Rühren in kleinen Mengen heiße Fleischbrühe zu, bis der Reis gar ist; dann werden noch Safran und geriebener Parmesankäse daruntergemischt.

Ohne den caffè geht nichts in Italien – ob in der Bar nebenan oder in Mailands noblem Biffi

Der Streit über das berühmteste lombardische Fleischgericht, die *costoletta alla milanese*, ist zwischen Mailand und Wien immer noch nicht ausgetragen. Es geht darum, was zuerst da war: die *costoletta* oder das Wiener Schnitzel? Um diese Frage zu beantworten, wurde sogar das Wiener Staatsarchiv geöffnet, wo sich ein Schriftstück fand, in dem sich Feldmarschall Radetzky zur Lage in der Lombardei äußerte, ohne den besonderen Leckerbissen zu vergessen – das in Ei gewälzte Kalbskotelett, paniert und in Butter gebacken. Radetzky wurde angewiesen, der Hofküche das genaue Rezept zu erläutern. So kam es zum Wiener Schnitzel, das in Mailand schon lange verspeist wurde. Die wohlhabenden Lombarden waren nämlich goldversessen und ließen Wild und Fisch, sogar Brot vergolden. Wer sich den Blattgoldüberzug nicht leisten konnte, wählte das Ei als Goldersatz.

Ein originär lombardisches Gericht ist die *zuppa pavese:* eine köstlich duftende Suppe aus Brot, Ei und Brühe. Hier ist die Entstehungsgeschichte verbürgt. Am 24. Februar 1525 kam es in Pavia zur Schlacht zwischen den Truppen Karls V. und Franz' I. Der französische König hatte schlechte Karten, und außerdem knurrte sein Magen. Als er in ein Haus mit rauchendem Kamin trat, kochte dort die Bäuerin gerade ihr Süppchen und war bereit, es mit dem König zu teilen. Weil sie die Mahlzeit zu ärmlich fand, schlug sie noch zwei Eier in die Suppe und verrührte sie. Wer die Schlacht damals gewann, ist heute nicht mehr wichtig – aber die Geburtsstunde der *zuppa pavese* ging in die Chroniken ein.

Die Küche der Alpenregion ist deftig, die der südlichen Lombardei verfeinerter – aber eine Kalorienbombe. Diese lokale Küche verwendet vorwiegend Butter und Schweinefett. Damit werden breite Bandnudeln, Käse, Kartoffeln, Kohl, Spinat und anderes zubereitet. Die Polenta, hergestellt aus Maisgrieß, wird bis zu einer Stunde bei schwacher Hitze gerührt und überwiegend als Beilage zur Kalbshaxe *ossobuco* und anderen Braten gegeben. Die feinste lombardische Küche ist in Mantua zu Hause, einer von Schlemmern besonders geschätzten Gegend. Sie kreuzt das Beste aus den Küchen des Veneto und der Lombardei mit der vorzüglichen Küche der Emilia-Romagna. Statt Butter wird Olivenöl verwendet, Käse, Sahne und Schweinefleisch sind von hoher Qualität. Ausgezeichnet schmecken *tortelli con la zucca*, mit Kürbis gefüllte Tortelli, und ein Risotto mit kleinen Salami, aber auch *agnolini* oder *cappelletti*, Teighütchen mit zimtgewürzter Fleisch- und Käsefüllung in Brühe. Eine kulinarische Attraktion in der Gegend um Mantua ist der schwarze, in Rotwein geschmorte Eselsbraten zu Polenta. Die lombardische *cassoeula*, ein kräftiges Gericht mit Würstchen, Wirsing, Schweinerippchen und Speckschwarte, ist ebenso wie der deftige Eintopf *busecca*, in dem Kutteln, Ochsenschwanz, Bohnen, Karotten und Sellerie schwimmen, eine recht herzhafte Angelegenheit. Sehr lecker ist *bollito misto*, Gekochtes vom Rind oder Kalb.

Seitdem um die Jahrhundertwende mit den Einwanderungswellen aus dem Süden die süditalienische Gastronomie mit ihren Teigwaren den reisessenden Norden eroberte, hütet die Küche der Lombardei ihre Traditionen. In Mailand erwartet den Besucher das reichhaltigste gastronomische Angebot Italiens. Das genießerische Rom ist abgehängt, nachdem der gestrenge französische Michelin einigen Mailänder Restaurants Sterne zuerkannt hat.

Die bekanntesten Weinanbaugebiete der Lombardei sind die Valtellina (Veltlin) um Sondrio, die Franciacorta in der Provinz Brescia und das Oltrepò Pavese in der Provinz Pavia. Die häufigsten Weißweinsorten sind Muskat und Riesling. Aus der Provinz Bergamo im Voralpengebiet stammen der rote und der weiße Valcalepio, trockene Weine mit starkem Bukett.

Außerdem werden in der Lombardei mehr als 30 verschiedene Mineralwässer abgefüllt. Eine Untersuchung hat ergeben, daß das klarste Mineralwasser aus einer Thermalquelle im Städtchen San Pellegrino in der Provinz Bergamo stammt.

Historische Kostüme und ultima moda

Dazu ein Bummel durch die Welt von gestern – und Anstehen für die Scala

OFFIZIELLE FEIERTAGE

1. Januar *(Capodanno)*; 6. Januar *(Epifania)*; Ostersonntag und -montag *(Pasqua)*; 25. April *(Liberazione*, Jahrestag der Befreiung vom Faschismus*)*; 1. Mai *(Festa del Lavoro)*; 15. August *(Ferragosto)*; 1. November *(Ognissanti)*; 8. Dezember *Immacolata Concezione)*; 25. Dezember *(Natale)*; 26. Dezember *(Santo Stefano)*.

VOLKSFESTE UND FESTIVALS

Karnevalszeit

Der *carnevale* wird den ganzen Februar gefeiert, aber Jubel, Trubel und Heiterkeit eskalieren zwischen Aschermittwoch und darauffolgendem Samstag.

März/April

Immer in diesen beiden Monaten und im Oktober/November wird in der Kirche S. Maurizio in *Mailand* ein ★ *Konzertzyklus* für Alte Musik auf Orgeln und anderen Instrumenten gegeben. Der Andrang ist groß, die Atmosphäre großartig. Die ehemalige Benediktinerkirche von 1503 ist vollständig mit Fresken ausgeschmückt, was den musikalischen Genuß erhöht. *S. Maurizio, Corso Magenta 15, Mailand, Auskunft 02/80 96 62.*

Seit 1963 findet in der Via Bagutta von *Mailand* an zwei Tagen im April ein *Kunstmarkt* unter freiem Himmel statt: *Mostra di Pittura d'Arte al Cielo Aperto.* Er zieht über 200 000 Besucher an. *Auskunft Tel. 02/80 96 62*

Mai

In *Legnano* kommt es am letzten Maisonntag zur ★ *Sagra del Carroccio*, einem Umzug in historischen Kostümen, bei dem der alte Ochsenkarren mitgeführt wird, der dem Fest seinen Namen gab.

Juni

Am ersten Sonntag wird in *Mailand* das *Festivale dei Navigli* gefeiert, zu dem Einheimische und ihre Gäste an die Kanäle im Ticino-Viertel pilgern, um sich an Wasserspielen und Schwimmwettkämpfen zu erfreuen.

In der Johannisnacht am 24. Juni wird auf der *Isola Comacina* und auf dem *Lago di Como* mit einer wunderschön beleuchteten Bootsprozession ein spektakuläres ★ *Lichterfest* veranstaltet.

Wer hier hineinmöchte, muß geduldig sein – oder Opernsänger: die Scala

MARCO POLO TIPS FÜR FESTE

1 **Orgelmusik in S. Maurizio**
Die Königin der Instrumente ertönt im schönsten Kirchenraum Mailands (Seite 27)

2 **Mercatone dell'Antiquariato**
Bummel durch die Gebrauchsgüterwelt von gestern (Seite 29)

3 **Sagra del Carroccio in Legnano**
Stolze lombardische Historienpracht als Fest fürs Auge (Seite 27)

4 **Lichterfest am Comer See**
Ein leuchtendes Spektakel mit eindrucksvollen Bildern und einer Bootsprozession auf dem Lago (Seite 27)

Juli

Ein Geheimtip: In den wunderbaren Innenhöfen von *Mailand* finden *Klassikkonzerte* statt. *Auskunft Tel. 80 96 62*

September

Im September gibt es in *Mailand* anläßlich von *La Moda a Milano* zahlreiche Modeschauen und Veranstaltungen zum Modegeschehen.

Dezember

Die *Festa di S. Ambrogio* in *Mailand* zu Ehren des Stadtpatrons beginnt am 7. mit frommen Messen, setzt sich fort in prunkvollen Prozessionen und geht allmählich über in ein sehr geschäftiges Markttreiben. Auf der Piazza S. Ambrogio findet an diesem Tag ein gehobener Trödelmarkt statt. Ebenfalls am 7. beginnt in der *Mailänder Scala* die *Opernsaison*. Wer in den berühmtesten Operntempel der Welt Einlaß begehrt, muß sich sehr früh und mit viel Glück um eine Karte bemüht haben oder bei den *bagarini*, den Schwarzhändlern, eine horrende Summe zahlen. Für einen Spontanbesuch braucht es Stehvermögen. Jeden Abend bildet sich die Warteschlange für Stehplätze, vor der ein gewisser Gianni auf und ab patrouilliert, der nach seinem ganz eigenen System etwa 200 Stehplatzkarten verteilt. Pro Karte nimmt er umgerechnet 15 Mark, und er verdient daran keine Lira. Gianni gehört zu den Passionierten, die so oft als möglich im Glückstaumel der Stimmen und Klänge versinken möchten, und er gönnt dasselbe vor allem denen, die tapfer ausharren, bis er sie gnädig bedenkt.

Ganzjährig

Das ganze Jahr über findet an den Ufern der *Mailänder naviglie* am letzten Sonntag eines jeden Monats – außer Juli und August – der ★ *Mercatone dell'Antiquariato* statt, der empfehlenswerteste Antiquitäten- und Ramschmarkt ganz Norditaliens. Ein Durcheinander von angestoßenen Untertassen, Gläsern mit verwaschenem Goldrand, auf antik getrimmten, neuen Messingleuchtern, Häkelstolen, altem Modeschmuck, Fotoalben und Büchern voller Eselsohren.

Die verkannten Schönen

Lebhafte Altstädte und eine bergige Landschaft warten auf ihre Entdeckung

Bergamo teilt das Schicksal, schön und wertvoll, aber unerkannt zu sein, mit vielen Städten des lombardischen Nordens zwischen Ebene und Voralpen. Sie erwecken mit ihren oft häßlichen Industrievororten bei Vorbeifahrenden keine Anziehung und bleiben sich weitgehend selbst überlassen. Für die Geschichte der Lombardei aber sind sie von großer Bedeutung, und trotz ihrer alpenländischen Prägung zeigen sie sich schon mit der ganzen Verheißung des Südens.

Santa Maria Maggiore ist ebenso verschachtelt – und sehenswert – wie Bergamos ganze Oberstadt

Brescia, zweitgrößte Stadt der Lombardei, hat es mit ihrem abweisenden Industriegürtel noch schwerer als die anderen verschmähten nordlombardischen Schönen. Doch auch diese Stadt

Hotel- und Restaurantpreise

Hotels		**Restaurants**	
Kategorie 1:	ab 200 000 Lit	*Kategorie 1:*	ab 80 000 Lit
Kategorie 2:	140 000 bis 200 000 Lit	*Kategorie 2:*	50 000 bis 80 000 Lit
Kategorie 3:	bis 140 000 Lit	*Kategorie 3:*	bis 50 000 Lit

Die Preise gelten für ein Doppelzimmer mit Frühstück. Ist kein Frühstück dabei: macht nichts. Gehen Sie wie die Italiener in die Bar!

Die Preise gelten für ein durchschnittliches Menü (meistens drei Gänge) mit einem halben Liter offenem Wein pro Person.

Wichtige Abkürzungen

Lit	Lire	**P.**	Piazza
S.	San/Sant(a)/Sant(o)	**V.**	Via

MARCO POLO TIPS FÜR BERGAMO UND DEN NORDOSTEN

1 Piazza Vecchia in Bergamo
Schönster kleinstädtischer Platz Norditaliens, immer sympathisch belebt (Seiten 32 und 33)

2 Lago d'Iseo
Im See liegt Monte Isola, Italiens größte bewaldete Insel (Seite 40)

3 Rotonda in Brescia
Romanische Rundkirche mit Fußbodenmosaiken aus frühchristlicher Zeit (Seite 37)

4 Rocca Scaligera in Sirmione am Gardasee
Ein Traum von einer Wasserburg (Seite 42)

besitzt ein historisches Zentrum mit erlesenen Schätzen der Baukultur und den eindrucksvollsten antiken Zeugnissen Norditaliens.

Der Gardasee schließlich, zur Hälfte lombardisch, ist Italiens größter und an Kontrasten reichster See. Im Nordteil fjordartig, von Bergen bedrängt und steifen Winden durchweht, was Surfer und Segler anlockt. Im Südteil breit wie ein Meer mit kristallblauem Wasser, bis zu 350 m tief und noch heute – als einziger oberitalienischer See – Trinkwasserreservoir. Schon lange ist der Gardasee das Lieblingsziel deutscher Touristen, doch die Venezianer, die hier lange das Sagen hatten, machten der Gegend das schönste Kompliment, als sie von der *magnifica patria*, der herrlichen Heimat, schwärmten.

BERGAMO

Man denkt, in eine Theateraufführung hineingeplatzt zu sein. Die Via Gombito ist der Orchestergraben, dahinter steigt leicht der trapezförmige Platz an, und auf ihm treten einheimische Akteure auf: kleines Welttheater, keine große Oper. Hier führt der Alltag Regie, und alltägliche Freuden und Probleme sind das Thema. Die ★ ☉ ☺ Piazza Vecchia in Bergamo (125 000 Ew.) bildet seit fünf Jahrhunderten die Kulisse für Dramolette gewöhnlicher Leute. Sie grüßen einander, schwadronieren, lachen, scherzen, und dazwischen murmelt unentwegt der Löwenbrunnen. Der schönste Platz von Bergamo Alta ist kein Touristenghetto. In das Überlaufbecken der Piazza Vecchia ergießt sich quirlig der Strom Ansässiger, die hier ihren *corso* mit dem endlosen Spiel vom Sehen und Gesehenwerden für ein Schwätzchen unterbrechen. Abends, wenn die Piazza in feierliches Licht getaucht ist und nach zehn Uhr die 180 Glockenschläge verhallt sind, die einst die Sperrstunde ankündigten, geht es erst recht aufgeräumt zu auf diesem wegen seiner geringen Größe lebendigen, ja intimen Platz. Die Bewohner der nordlombardischen Stadt verströmen südländische Heiterkeit, die es dem Zugereisten leichtmacht, sich in der *città alta*, der Oberstadt, einem Schatzkästchen der Renaissance, wohl zu fühlen. Die historische Oberstadt, ein Labyrinth enger Gassen und schulterschmaler Gänge auf einem grünen Hügel über dem Serio-Fluß, ist Bergamos Keimzelle. Während sich die Unterstadt mit ihrem stickigen Häusermeer wenig einladend zeigt, ist die für den Autoverkehr gesperrte Oberstadt eine Besteigung wert. (E 4)

BESICHTIGUNGEN

Città alta

Fußmüde befördert eine Standseilbahn ins autofreie *centro storico* hinauf, doch das Ersteigen des 370 m hohen Hügels über alte Pflastergassen, von Bars, *pasticcerie* und Boutiquen gesäumt, ist eindrucksvoller. Im Mittelalter erklommen die Venezianer den Hügel, denen es in der kühlenden Bergluft so gut gefiel, daß sie sich hinter Festungsmauern niederließen. Für Stendhal war Bergamo der »hübscheste Ort«, für Le Corbusier die »verehrungswürdige Unbekannte«. Die kleinstädtische ★ *Piazza Vecchia* ist, wenn sie im Schatten liegt, Kinderspielplatz, Seniorentreffpunkt und Verschiebebahnhof der Flaneure – wunderbares Gedränge vor perfekter Renaissancekulisse. Der *Palazzo della Ragione*, das alte Rathaus, wurde bereits 1198 vollendet.

Colleoni-Kapelle

Der perfekt modellierte Sakralbau entstand aufgrund eines Befehls. Bartolomeo Colleoni, mächtiger Bergamasker Heerführer in venezianischen Diensten, forderte im 15. Jh., daß seine Familienkapelle zentral am Domplatz zu liegen habe. Die alte Sakristei von Santa Maria Maggiore mußte dem hochfahrenden Anspruch weichen. An ihrer Stelle schmückt den Domplatz seit 1476 eine reich dekorierte, vielfarbige Fassade aus der lombardischen Frührenaissance, die Bergamos kunsthistorischer Blickfang Nummer eins ist. Den Hintergrund der Colleoni-Gräber zieren Fresken von Tiepolo. Das daneben liegende, achteckige Baptisterium ist eine im 19. Jh. vorgenommene Rekonstruktion des Originalbaus von 1340. *Tgl. 9–12 und 15–18 Uhr*

Santa Maria Maggiore

Die Basilika ist ein interessanterer Bau als der Dom, an dessen Vorplatz sich ihr Haupteingang befindet; er führt in eines der Querschiffe. Das Nordportal ist flankiert von zwei Marmorlöwen, die die Säulen des Eingangsportals tragen und als Symbole der Romanik in keinem Zusammenhang stehen mit den Löwen der Republik Venedig. Dieses und das andere elegante Portal stammen von Giovanni da Campione, der 1353 auch die prächtige Vorhalle geschaffen hat und die Renaissancesakristei, deren Chorgestühl überaus schöne Intarsien auszeichnen. *Tgl. 9–12 und 15–18 Uhr*

MUSEEN

Accademia Carrara

Hier gibt es mehr venezianische Malerei zu bestaunen als sonst irgendwo in Norditalien. Die 200 Jahre alte Pinakothek in neoklassizistischer Hülle in der

Unterstadt, deren Sammlungsgrundstock vom Gründer der (angegliederten) Kunstakademie, Graf Giacomo Carrara, stammt, besitzt neben Tintorettos und Canalettos sowie Werken anderer berühmter italienischer Meister (Bellini, Carpaccio oder Mantegna) auch Bilder von Dürer, Brueghel d. Ä. und Velázquez. *P. Carrara 81a, Di–So 9.30 bis 12.30 und 14.30–17.30 Uhr, 8000 Lit*

Museo Civico Archeologico
Hier ist ausgestellt, was fleißige Archäologen verschiedener Generationen aufgespürt, ausgegraben und zusammengetragen haben und womit nun die traditionsreiche Vergangenheit der Region anschaulich dokumentiert ist. *P. Cittadella 9, Di–Fr 9 bis 12 und 15–17.30, Sa und So 15 bis 18 Uhr, 6000 Lit*

Museo Civico Donizettiano
Das Haus ist dem Lebenswerk eines Mannes gewidmet, der es in der Kunst zu einer Tellerwäscherkarriere brachte. Der Opernkomponist Gaetano Donizetti (1797–1848) ist in einem armselig wirkenden Haus im Borgo Canale 14 (im Sommer zu besichtigen) geboren und lebte später wohlgeachtet und mit Prunk im Palazzo della Misericordia. Ein Vergnügen für musikalische Devotionalien-Liebhaber. In jedem Frühjahr veranstaltet Bergamo Donizetti-Musikwochen. *P. Brigata Legnano 16, Mo–Fr 8.30–12 und 14–17 Uhr, 6000 Lit*

Museo Civico di Scienze Naturali
Wer sich über die naturkundlichen Besonderheiten der Region einen Überblick verschaffen will, ist hier gut versorgt. Detailreich ausgestattete Dioramen zeigen Landschaften und Lebensräume. *P. Cittadella 10, Di–So 9–12 und 14.30–17.30 Uhr, 6000 Lit*

RESTAURANTS

Agnello d'Oro
Das Restaurant an der Hauptgasse ist gemütlich eingerichtet, die Atmosphäre urig. Bilder und Kupferarbeiten hat der Eigentümer selbst hergestellt. Die Küche ist mit *casoncelli alla bergamasca* (eine Art gefüllter Ravioli) und Polenta zu kräftigen Fleischgerichten der Einrichtung angemessen. *V. Gombito 22, Tel. 035/24 98 83, Fax 23 56 12, Mo geschl., Kategorie 2*

Antica Trattoria della Brianza
Solide Küche in der Unterstadt zu vernünftigen Preisen. Lombardische mischen sich mit toskanischen Einflüssen. *V. Broseta 61 a, Tel. 035/25 33 38, Kategorie 2*

Gourmet
Beim Speisen in dem hervorragenden Restaurant in der *città alta* erfreut der Blick über die Dächer der Neustadt. *V. S. Vigilio 1, Tel. 035/25 61 10, Di und erste Hälfte Jan. geschl., Kategorie 2*

La Marianna
Eines der Spitzenrestaurants von Bergamo, edel im Ambiente, versiert in der Küche und vollendet beim Service – was natürlich seinen Preis hat. Das Risotto mit Steinpilzen ist ebenso köstlich wie *polenta e uccelli* (Polenta mit Vögeln). *Largo Colle Aperto 2, Tel. 035/23 70 27, Mo und im Jan. geschl., Kategorie 1–2*

Sole
Mit Bildern an sämtlichen Wänden, eingelegten Pilzen, alten Uhren und anderem mechanischen Gerät von früher ist dieses Schmuckstück der Oberstadt ausstaffiert wie ein Museum. Das Essen ist gut, aber teuer, was vor allem auf die exponierte Lage an der Piazza Vecchia zurückzuführen ist. Im hinteren Teil des Hauses liegt eine große Terrasse unter einem schattigen Dach. *V. Colleoni 1, Tel. 035/21 82 38, Mo geschl., Kategorie 1*

Da Vittorio
Feine Küche und guter Service, man bemüht sich um ein modernes Flair. *Viale Papa Giovanni XXIII 23, Tel. 035/21 80 60, Mi geschl., Kategorie 1*

HOTELS

Agnello d'Oro
Verwinkeltes Haus aus dem 17. Jh. an der Hauptgasse der *città alta.* Etwas plüschig eingerichtet. *V. Gombito 22, Tel. 035/24 98 83, Fax 23 56 12, 18 Zi., Kategorie 3*

Antica Trattoria della Brianza
Erfahrener Familienbetrieb in der Unterstadt, wo sie am schönsten ist. *V. Broseta 61a, Tel. 035/25 33 38, 7 Zi., Kategorie 3*

Sant'Antonino
Außen keine besondere Ansicht, ist das Haus einfach eingerichtet, aber funktional und nahe zum Bahnhof. Einige Zimmer besitzen kein Bad. *V. Paleocapa 1, Tel. 035/21 02 84, Fax 21 23 16, 70 Zi., Kategorie 3*

Sole
Mitten im *centro storico* gelegen, mutet das Haus wie ein Museum an. Es wird solide geführt und ist praktisch eingerichtet. *V. Colleoni 1, Tel. 035/21 82 38, Fax 24 00 11, 11 Zi., Kategorie 2*

AM ABEND

Vineria Cozzi
Männer stehen an der alten, leicht verschrammten Theke und diskutieren lautstark über Fußball, Politik und Frauen – in dieser Reihenfolge. Inmitten einer

Auf Bergamos Piazza Vecchia sprudelt der Löwenbrunnen – und das Leben

altertümlichen Einrichtung trinkt man ein Gläschen und fühlt sich in die Vergangenheit versetzt. *V. Colleoni 22a*

AUSKUNFT

APT

V. Paleocapa 2, Tel. 035/232730 oder 242226, Fax 242994

Ufficio Informazioni

Bergamo Alta, Vicolo Aquila Nera, Tel. 035/232730

ZIELE IN DER UMGEBUNG

Krippenmuseum in Brembo

Das Krippenmuseum im nahen Brembo bei Dalmine ist nicht nur ein Anziehungspunkt für Kinder. Anrührende Darstellungen des Weihnachtsgeschehens in erstaunlicher Vielfalt und hoher kunsthandwerklicher Qualität faszinieren auch Erwachsene. *V. XXV Aprile 179, Brembo, Feb. bis Nov. So und feiertags 14–18, Dez. und Jan. Mo–Sa 14–17, So 9–12 und 14–19 Uhr, 6000 Lit* (E 4)

Minitalia

Direkt an der Autobahn nach Mailand ist in *Capriate S. Gervasio* auf einer Fläche von 180 000 qm der Stiefel in Miniaturausgabe nachgebildet. Von der Lombardei bis nach Sizilien sind es hier zu Fuß nur 30 Minuten. Die unterschiedlichen italienischen Landschaften sind mit viel Liebe zum Detail dargestellt, markante Bauwerke der Städte und Regionen im Modell veranschaulicht, vom Mailänder Dom bis zu Sankt Peter in Rom und dem Teatro Massimo in Palermo. Ein Spielplatz für Kinder, ein Labyrinth, Wanderwege und der Minitalia-Expreß gehören dazu. An Sonn- und Feiertagen gibt es Varieté- und Theatervorstellungen. *Tgl. 9–19 Uhr, 11 000 Lit* (D 4)

Serio-Tal

Die Straßen schwingen sich in Serpentinen über Höhen und Tiefen, die meisten Bergdörfer hängen wie Nester an den Felshängen. Ihre Häuser sind aus dunkelgrauem Naturstein erbaut, darauf sitzen Schieferdächer. Das Serio-Tal, ein Naturschutzgebiet, breitet sich rings um Bergamo aus, der größere Teil südlich der Stadt, wo das Tal direkt an die typische Landschaft der Po-Ebene mit ihren von Pappeln gesäumten Ackerflächen grenzt. Der Serio-Fluß entspringt am Monte Torena nördlich von Bergamo und mündet bei Montodine in die Adda. Im Norden des Tals befindet sich der mit 315 m höchste *Wasserfall* Europas. Besichtigt werden kann er nur im Sommer, wenn für kurze Zeit die Stautore des unteren Barbellino-Sees offengehalten werden. Die Gebirgslandschaft weist hier extreme Temperaturschwankungen auf. Wenn es auf der Schattenseite frostig kalt ist, kann es zur gleichen Zeit auf der Sonnenseite ausgesprochen heiß sein. *Clusone*, der größte Ort des Serio-Tals (1800 Ew.), besitzt viel historische Bausubstanz. Von *Ogna* aus kann man ohne große Anstrengung in das *Valzurio* (blaues Tal) wandern: Rund zwei Stunden geht es immer am Verlauf des Ogna entlang. In *Abbazia* steht ein *Zisterzienserkloster* aus dem 12. Jh. In *Malpaga* hat Bartolomeo Colleoni, Condottiere der Republik Venedig, 1456 die von

Schwalbenschwanzzinnen bekrönte *Burg* im Handstreich erobert. Fast 20 Jahre lang, bis zu seinem Tod, nutzte er die glanzvoll ausgebaute, quadratische Anlage mit ihrem hübschen Hof und den doppelgeschossigen Arkaden als seine Residenz. Wer das Castello Colleoni in guterhaltenem Zustand, das einer landwirtschaftlichen Kommune gehört, besichtigen will, muß sich mit den Eigentümern in Verbindung setzen: *Tel. 035/840003.* Auch die Burg *Romano di Lombardia* hat das Geschlecht der Colleoni gesehen. Madonna Triste, Colleonis Frau, wurde 1446 in dem Gebäude aus dem 13. Jh. für einige Zeit von den Visconti festgehalten *(Mo–Fr 10–12.30 und 14–18.30 Uhr).* (E–F 3-4)

BRESCIA

Eine Augenweide ist sie beim ersten Blick nicht, die nach Mailand zweitwichtigste Industriestadt (210 000 Ew.) der Lombardei, Italiens größte Waffenschmiede. Schon im Mittelalter wurden hier Schwerter und Ritterrüstungen hergestellt. Aber wer sich durch die gar nicht malerischen Vororte gequält hat, wird die Provinzhauptstadt schätzenlernen. Der Gang durch den historischen Kern der Baustahlstadt läuft auf eine Entdeckungsreise durch viele Epochen von Geschichte und Kunstgeschichte hinaus. Besonders reichhaltig sind Werke römischer, frühchristlicher, romanischer und gotischer Kunst zu finden, aber auch spätere Epochen sind vertreten. Bereits 500 v. Chr. gab es hier erste Siedler, 225 v. Chr. schlossen die ansässigen keltischen Gallier eine Allianz mit den Römern. Brixia, wie Brescia damals hieß, wurde aufgrund seiner strategisch günstigen Lage Ausgangspunkt für die Eroberung Galliens. Nachdem die Stadt 1426 im Frieden von Ferrara der Republik Venedig zugeschlagen wurde, begann die fruchtbarste Bauperiode. (F 4)

BESICHTIGUNGEN

Piazza della Loggia
Ein verspielter venezianischer Platz, auf dem selbst die Tauben nicht fehlen. Umgeben ist er von feingliedrigen, noblen Bauten, in denen die Herrschaft der Republik Venedig architektonisch ihren sichtbarsten Ausdruck fand. Am Rathausbau soll der berühmte Baumeister Andrea Palladio mitgewirkt haben.

Piazza Paolo VI (Domplatz)
Zuerst bedrückt der gewaltige Block dreier aneinandergefügter Bauten, die sehr unterschiedlich sind. Die schiere Baumasse des *duomo nuovo* mit seiner 80 m hohen Kuppel – der dritthöchsten Italiens nach St. Peter in Rom und S. Maria del Fiore in Florenz – und der klassizistischen Fassade erschlägt fast den rechts daneben stehenden, romanischen Rundbau auf dem niedriger gelegenen Niveau der antiken Piazza. Die ★ *Rotonda*, offiziell *duomo vecchio*, ist das bauliche Glanzstück des Domplatzes. Die überkuppelte Rundkirche entstand bereits Ende des 11. Jhs. über den Resten einer Basilika aus dem 6. Jh. und ist uneingeschränkt das großartigste Zeugnis romanischer Architektur in der Lombardei. Sie besticht vor allem durch ihre Einfachheit und

Eine runde Sache: La Rotonda ist Brescias romanisches Glanzstück

Strenge, im Innenraum noch durch die puristische Restaurierung des späten 19. Jhs. gesteigert. Der *broletto* ist das ehemalige Rathaus der Kommune, ein vielgestaltiger Komplex im Norden des Domplatzes. Ende des 12. Jhs. hatte man mit dem Bau begonnen, der erst im 18. Jh. vollendet wurde. Dem Westflügel des *broletto* ist der einfache, aber schöne Backsteinbau der Kirche *S. Agostino* angegliedert.

Piazza della Vittoria

Hier ist zu besichtigen, wie man einen mittelalterlichen Platz zum Schandfleck einer Stadt machen kann – durch kalte, glatte Monumentalarchitektur. In den dreißiger Jahren benötigte der Faschismus einen Musterplatz. Mussolini spannte die Vertreter der Moderne für seine Zwecke ein. Entstanden ist das, was oft Triumph der Leere genannt wurde. Wie ein verlangsamtes Weberschiffchen gleitet der Blick hin und her, ohne an den glatten Fassaden Halt zu finden. Heute wird die Totalumgestaltung der Piazza diskutiert, doch eine Lösung des Tabuthemas ist nicht in Sicht.

MUSEEN

Pinacoteca Civica Tosio-Martinengo

Hier fühlt man sich lombardischer Malerei von der Gotik bis zum Frühbarock verpflichtet und konzentriert sich hauptsächlich auf die Brescianer Schule des 15./16. Jhs. mit den herausragenden Vertretern Vincenzo Foppa, Alessandro Moretto und Girolamo Romanino. *P. Moretto 1, Mai bis Sept. Di–So 10–12.45 und 14 bis 18, Okt. bis April Di–So 9–12.45 und 14–17 Uhr, 6000 Lit*

Tempio Capitolino

An der Straße, die von Mailand nach Aquileia führte und heute Via dei Musei heißt, am Hang des

Cidneo-Hügels, sind Rudimente des antiken Norditalien zu besichtigen. Reste einer Treppe, Giebelteile und von der Zeit angefressene korinthische Frontsäulen sind übriggeblieben vom 73 n. Chr. auf Anweisung Kaiser Vespasians vollendeten Kapitolstempel, der den Göttern Roms geweiht war. Auch vom römischen Theater ist noch einiges zu besichtigen. Dahinter stehen die modernen Hallen des Römischen Museums, in denen bedeutende archäologische Funde, antike Reliefs und Statuenfragmente versammelt sind. *V. dei Musei 57a, Mai bis Sept. 10–12.45 und 14–18, Okt. bis April Di–So 9–12.45 und 14–17 Uhr, 6000 Lit*

RESTAURANTS

L'Albereta

Luxuriös renovierte, lichtdurchflutete Villa aus dem 19. Jh. in Erbusco, einige Kilometer von Brescia entfernt. Spitzenküche von Gualtiero Marchesi, dem kulinarischen Papst der Lombardei. Spezialität: *anatra al torchio* – Ente mit einer leichten, mundigen Sauce. Exzellente Weine der Franciacorta. *V. Vittorio Emanuele II, Erbusco, Tel. 030/7760550, Mo geschl., Kategorie 1*

Circolo delle Arti

Hier gibt es leichte Küche, an schönen Tagen wird auch im Freien serviert. *V. Trieste 3, Tel. 030/43008, Mo und im Aug. geschl., Kategorie 2*

Gottardino

Liegt außerhalb von Brescia auf einem Hügel und bietet einen schönen Blick. Schon die Anfahrt beschert schöne Aussicht, führt sie doch über die Via Panoramica. Mit *gnocchi* und Kaninchen gibt sich die Küche regional. *V. S. Gottardo 4, Tel. 030/43532, So-Abend, Mo und im Aug. geschl., Kategorie 2*

Risorgimento

Das von Brescianern gern besuchte Haus in der nördlichen Vorstadt Stocchetta ist als Pizzeria populär, hat sich aber auch auf Fisch spezialisiert. *V. Triumplina, Tel. 030/2008304, Mo geschl., Kategorie 3*

Trattoria Mezzaria

Deftige Hausmannskost zum günstigen Preis. *V. Trieste 66, Tel. 030/40306, So und im Juli/Aug. geschl., Kategorie 3*

EINKAUFEN

Für Neugierige und solche mit weniger Barschaft lohnt sich der Besuch des *Flohmarkts*, der jeden letzten Sonntag im Monat auf der *Piazza della Vittoria* vor allem von jungen Leuten frequentiert wird.

HOTELS

L'Albereta

Die Villa krönt ein Turm, in ihre Fassade sind Spitzbogenfenster eingerastert. An das Gebäude aus dem 19. Jh. ist ein neuer Flügel mit Suiten angebaut. Noble Bankettträume, Kaminzimmer, Teesalon und Bar machen den Aufenthalt zum Vergnügen für solche, die sich zwischen weinbewachsenen Hügeln verwöhnen lassen wollen. *15 km westlich in Erbusco, V. Vittorio Emanuele II, Tel. 030/7760550, Fax 7760573, 39 Suiten, Kategorie 1*

Corallo

Einfaches Haus, aber vor kurzem renoviert und preiswert. *Vicolo Nottole 2 (Seitengasse des Corso Martiri della Libertà), Tel. 030/42544, 10 Zi., Kategorie 3*

Igea

Mittelklassehaus, zentral in Bahnhofsnähe gelegen. *Viale della Stazione 15, Tel. 030/44221, Fax 44224, 62 Zi., Kategorie 2*

Vittoria

Erstes Haus am Platz, höchster Komfort, hoher Preis. *V. X Giornate 20, Tel. 030/280061, Fax 280065, 65 Zi., Kategorie 1*

AUSKUNFT

APT

Corso Zanardelli 34, Tel. 030/43418, Fax 293284

ZIELE IN DER UMGEBUNG

Franciacorta

Noch nicht lange wird *agriturismo* für den verwöhnten Geschmack geboten. Wer an der Abfahrt von Rovato von der A 4 abbiegt, durchquert die mit Ahorn und Kastanien bestandene Hügellandschaft, die einst unbewohnbarer Sumpf war, heute eine grüne Ebene, in der spritzige Weine reifen. In *Erbusco*, einer Ortschaft mittelalterlichen Ursprungs, steht das Landhotel *La Mongolfiera (Bellavista, Erbusco, Tel. 030/7268451, 6 Suiten, Kategorie 1)* mit zwei Golfplätzen und einem Sportzentrum in der Nähe, gemeinschaftlichem Eßsaal mit Kaminfeuer und traditioneller Küche. Für Wanderer und Radfahrer gibt es markierte Wege. (F4)

Lago d'Iseo

Der 25 km lange und knapp 2,5 km breite, türkisblaue See hat kaum Uferpartien, an denen man sich zum Baden niederlassen kann. Meist verhindern das schroffe Felsen, die bis ans Wasser reichen. Seine Attraktion ragt aus der Mitte des Wassers empor: eine grüne ★ Berginsel, das größte Eiland sämtlicher italienischer Seen – und mit 600 m das höchste. Zum *Monte Isola* mit seinen herrlichen, teilweise verwunschenen Wanderwegen verkehren Fähren von *Sulzano* oder *Sale Marasino*. In vielen Schlingen verläuft eine aus dem Fels geschlagene Straße um den ganzen See herum. *Iseo* besitzt in seiner malerischen Altstadt eine *Pfarrkirche* aus dem 12. Jh. und den von Laubengängen umgebenen *Garibaldi-Platz*. *Pisogne*, an der Nordspitze des Sees, steht zum Teil auf trockengelegten Sümpfen. Die Kirche *Madonna della Neve* ist innen mit Fresken in kräftigen Farben ausgemalt, die Motive aus dem Neuen Testament versammeln. Sie stammen von Romanini, der hier 1533/34 tätig war. In *Lovere*, dem Hauptort am Lago d'Iseo, steht am westlichen Ortsrand der *Palazzo Tadini*, der mit einer außergewöhnlich schönen Fassade prunkt. Die Basilika *S. Maria Valvendra* ist ein Bau der Frührenaissance, der innen barockisiert wurde und eine reichverzierte Orgel zur Schau stellt. Empfehlenswert ist das *Hotel Ristorante Cantiere* in *Sarnico (V. Monte Grappa 2, Tel. 035/910091, 25 Zi., Kategorie 2)*. Obwohl Badestrände knapp sind, gibt es mehrere Campingplätze. *Ninfea Cooptur Club* (ein hilfsbereiter Zusammenschluß örtlicher Tou-

600 Meter Berg mitten im Wasser: Monte Isola im Lago d'Iseo

rismusbetriebe), *V. Duomo 17, Iseo, Tel. 030/98 11 54*, gibt Auskunft für Bootsfahrten. (F 3–4)

Nave

In der Mitte des Ortes nördlich von Brescia steht der schlichte Flachbau der *Officina Rivadossi (V. Monteclana 11, Tel. 030/ 2530027)*, die bescheiden als »Werkstatt für Möbel-Architektur« fungiert. Wer den Präsentationsraum dieser Möbelhalle betritt, wähnt sich in einer Kunstgalerie. Überwiegend werden europäische Hölzer verarbeitet: Eiche, Nuß, Linde, Kirsche, Birne, aber auch Palisander und Teak. Das Design folgt keiner Mode, empfindet keinen verflossenen Stil nach, proklamiert keine Post-Avantgarde und antikisiert schon gar nicht. Bestimmend ist der Sinn für Form, Struktur, Funktion und Schönheit. Gefertigt werden die Stücke in traditioneller Weise ohne Nägel und Leim, nur mit Dübeln aus Akazie, die oft selbst Stilelemente sind. Möbelarchitektur vom Feinsten. (G 4)

Val Camonica

Das über 70 km lange Tal zwischen dem Tonale-Paß und dem Lago d'Iseo bildet das Bett des Flusses Oglio. Seit prähistorische Felsgravierungen des Tals auf Anregung der Unesco zum italienischen Nationaldenkmal erklärt wurden, ist die Val Camonica mit dem *Parco Nazionale delle Incisioni Rupestri* bei *Capo di Ponte* schlagartig zum Wallfahrtsort des lombardischen Schulwesens geworden. Neben den Felsgravierungen von strenger formaler Gestalt und mit anmutigen Figuren, die vermutlich im 3. Jahrtausend v. Chr. entstanden, gibt es in den Orten des Tals noch sehenswerte sakrale Bauten. (G 2–3)

Valtellina
Die Valtellina (Veltlin) ist bis März schneesicher. Die Provinzhauptstadt *Sondrio* (23 000 Ew.) ist ein wichtiges Hochgebirgsziel. Um Sondrio herum reifen Grumello und Sassella, die zu den besten Weinen der Lombardei gehören. Der kunstgeschichtlich interessanteste Ort in der Valtellina ist *Teglio* mit seinen kühnen Palazzi und Sakralbauten. Er ist, 856 m hoch, über eine kurvige Bergstraße zu erreichen oder über die landschaftlich sehr abwechslungsreiche *Panoramica dei Castelli*, die Alpinisten zu den schönsten Straßen der Welt zählen. (E–F 2)

GARDASEE

Der größte und meistbesuchte See Italiens besitzt kaum noch beschauliche Flecken, aber eine einmalige Kulisse aus steil ansteigenden, grauen Felsen und mit dunkelgrünen Zypressen, silbrigen Olivenbäumen, rosig blühendem Oleander und saftig gelben Zitronen eine besonders anziehende Vegetation – vor allem im Südwesten, auf lombardischem Territorium, wo die Hügel sanfter werden und die Ufer mediterran geprägt sind. Im lombardischen Teil schlängelt sich eine malerische Uferstraße durch Weinberge, die Gardesana Occidentale. Mit zahllosen Galerien und Tunneln durch aufgesprengte Uferfelsen führt sie direkt am See entlang. Reste von Pfahlbauten und Ruinen römischer Villen belegen, daß das milde Klima in diesem Teil des Nordens seit Jahrtausenden Menschen anzieht. Goethe erklärte das leuchtend blaue Gewässer kurzerhand zum »größten Wunder der Schöpfung«. Ausführlicher berichtet der Marco Polo Führer »Gardasee«. (G–H 3–5)

ORTE AM GARDASEE

Limone
Der Ort (1000 Ew.) schmiegt sich pittoresk unterhalb der Steilfelsen ans Wasser und ist als Touristenadresse beliebt wegen seiner herrlichen Lage und der vielen Blumen. Im Kirchlein *San Rocco* oberhalb der Schiffsanlegestelle deutschsprachige Gottesdienste. (H 3)

Sirmione
30 m hoch ragen die Zinnen der ★ *Rocca Scaligera*, Italiens schönster Wasserburg – ein Postkartenschloß auf einer Landzunge. Die von den veronesischen Skaligern errichtete Burg ist eine touristische Pflichtadresse. Allein der Zeit nachsinnen kann man hier nicht. Trotzdem vermittelt das imposante Kastell, in dessen grünblauem Wassergraben Forellen und extravagante Motorboote schwimmen und vor dessen Brücke teure Limousinen parken, mit seinen Türmen eine Ahnung davon, wie hochherrschaftliches Leben sich zum Ausgang des Mittelalters abgespielt haben muß: ganz der militärischen Strategie unterstellt, die fürstlichen Wohnräume sind eher karg. Vom höchsten Turm aus ist die Aussicht auf See und schmale Landzunge grandios *(Mo 9–13, Di–So 9–18.30 Uhr, 8000 Lit)*. Im ummauerten antiken Hafenbecken lag einst die Flotte der Skaliger vor Anker. Im Städtchen mit seinen rund 5000 Einwohnern lädt die *Via Staffalo*

Die Marco Polo Bitte

Marco Polo war der erste Weltreisende. Er reiste in friedlicher Absicht, verband Ost und West. Er wollte die Welt entdecken, fremde Kulturen kennenlernen, nicht zerstören. Könnte er für uns Reisende des 20. Jahrhunderts nicht Vorbild sein? Aufgeschlossen und friedlich sollte unsere Haltung in anderen Ländern sein. Dazu gehören auch Respekt vor Mensch und Tier und die Bewahrung der Umwelt.

WWF

zum Spazierengehen ein. Am äußersten Ende der Halbinsel befinden sich die *Grotten des Catull*, eingebettet in Olivenhaine, eine römische Villa aus der Kaiserzeit mit hohen Gewölben und Thermalanlagen *(Di–So 9–18 Uhr, 6000 Lit)*. Das Areal ist bisher nur zu einem Drittel ausgegraben. Unterhalb der Ausgrabung liegt ein Strand mit flachen Felsplatten, von dem der Blick auf den See mit der Bergkulisse dahinter besonders schön ist. Auf einer wunderschönen Uferterrasse läßt sich im Schatten der Zitadelle im Freien gut und erstaunlich preiswert essen bei *Grifone da Luciano, V. delle Bisse 5, Tel. 030/916097, Mi und Nov. bis Ostern geschl., Kategorie 2.* (G4)

Tignale

Beherrschend sitzt auf einem Felssporn des Hochplateaus in fast 700 m Höhe die Wallfahrtskirche *Madonna di Monte Castello*, die im 13./14. Jh. an Stelle einer Skaligerburg entstand. Im Barock wurde sie stark verändert. Von hier aus läßt sich fast der ganze See überblicken. (H3)

Vittoriale degli Italiani

Der Verseschmied, Casanova, prahlerische Dekadent und Wegbereiter des Faschismus Gabriele D'Annunzio schuf sich mit der »Siegesstätte der Italiener« in *Gardone (Di–So 9–12.30 und 14.30 bis 18.30, im Winter 14 bis 17.30 Uhr, 10000 Lit)* das letzte Bühnenbild seines Lebens und hinterließ ein Kuriositätenkabinett. Kitsch, Plunder und Monstrositäten wie eine Kopie des Eros von Donatello mit bläulich angestrahltem Unterleib. Wenn D'Annunzio (1863–1938) auf einem rosafarbenen Diwan seine Opiumpfeife rauchte, spielte ein Quartett Debussy-Sonaten. Der Schöpfer dieses Mausoleums, der sich als »höchsten Interpreten der Schönheit Italiens« glorifizierte, betrat diesen Raum nur in Mönchskutte. Wer das Pantheon seiner wahnsinnigen Selbstinszenierung verläßt, wird das Azur des Sees, das zwischen tiefgrünen Lorbeerblättern leuchtet, als sehr erfrischend empfinden.

Das *Grand Hotel Gardone Riviera (V. Sanardelli 72, Tel. 0365/20261, Fax 22695, 180 Zi., Kategorie 1)* ist ein über hundert Jahre altes Refugium für solche, die sich – zu entsprechenden Preisen – verwöhnen lassen wollen. Billiger ist's im Mittelklassehaus *Grand Hotel Fasano (Tel. 0365/21051, Fax 21054, 32 Zi., Kategorie 2)*, das direkt an der Uferpromenade liegt. (G4)

Villen, Wandern, Wassersport

Drei große Seen, prächtige Parks und bewaldete Bergtäler sorgen für Abwechslung

Man muß Glück haben mit dem Wetter, vor allem beim ersten Mal. Ist der Himmel verhangen, kann der Blick auf den Comer See zur Enttäuschung werden: drei düstere Fjorde im V der Berge. Hat aber Sonnenlicht die Fassaden der Häuser und Villen an den Ufern und die Zweitausender des Grigna-Massivs zum Strahlen gebracht, ist die Begegnung umwerfend. Dann bietet es sich an, unter den Glyzinienranken der Seeterrassen von Cadenabbia zu sitzen, Campari zu schlürfen, zu schauen und zu staunen. Der Lario, wie der Comer See nach seinem antiken Namen Lacus Larius von den Einheimischen genannt wird, ist dann der schönste.

Ist er es? Die drei großen oberitalienischen Seen am südlichen Rand des gewaltigen Gebirgsmassivs, wo sich Schweiz und Lombardei vereinen, wetteifern miteinander um den Superlativ. Sie haben dabei ganz spezielle Schön- und Eigenheiten aufzuweisen. Smaragdene Inseln in blau leuchtendem Wasser, terrassierte Gärten, Bäume und Blumen an den Ufern, weiße Kirchtürme, rosafarbene Villendächer. Verfallene Bootsanlegestellen, von Zypressen und Myrte überwuchert, hängende Gärten voller Lilien, Geranien, Magnolien und Azaleen und Bougainvillea, die in scharlachroten Kaskaden zum Ufer hinabstürzt. Welches der schönste See ist – das ist Geschmackssache.

Gemeinsam ist den Gewässern ihr Ursprung: In der Eiszeit frästen Gletscher die fjordartigen Seebecken in die Alpen und speisten sie mit Schmelzwasser. Bei dieser Herkunft erstaunt das milde Klima. Es entsteht, weil die Alpenkämme die kalten Nordwinde und Atlantikströmungen abhalten, im Sommer die Wärme aufsaugen und sie in kälteren Jahreszeiten wieder abgeben. Das hat immer schon Menschen angezogen. Unter ihnen auch Prominente und Vermögende, was die Preisentwicklung an den Seen beeinflußt hat. Billig urlauben geht hier nicht. Doch wer sich genau umschaut, hauptsächlich in den kleinen Ufergemeinden, findet preiswerte Hotels und Ferienapartments, die selbst einen

Ein blaues Wunder: der Comer See

Familienurlaub erschwinglich werden lassen. Ausführlichere Informationen finden Sie in den Marco Polo Führern »Oberitalienische Seen« und »Tessin«.

COMO

146 qkm groß und 50 km lang, gesäumt von einer mächtigen Alpenkulisse, ist der Comer See vollständig italienisch, ohne eidgenössischen Anteil. Unter den Seen ist er mit 410 m der tiefste und außerdem der fischreichste. An seinen Ufern gedeihen sogar Olivenbäume und Dattelpalmen. Trotz übervoller Uferstraßen, hauptsächlich in Ferienzeiten, hat sich das Gewässer seinen romantischen Charme bewahrt. Die nur rund 50 km von Mailand entfernte Stadt Como (100 000 Ew.) ist von jeher Wochenendziel der lombardischen Oberschicht. Das schachbrettartige Straßenmuster im historischen Zentrum zeigt noch die Anlage des römischen Castrum Novum Comum aus dem Jahr 49 v. Chr. Die Comasken erwiesen sich im Mittelalter als renitent gegenüber Mailand. Erst im 14. Jh. setzten sich die Mailänder Regenten durch und koppelten die Stadt an ihr Reich. Como wurde reich durch seine Seidenproduktion, von der heute nur noch die Seidenverarbeitung geblieben ist. Die allerdings spielt nach wie vor eine bedeutende Rolle. Die zum See hin offene Piazza Cavour, Via Plinio und Via Vittorio Emanuele II verkörpern bis heute Stilempfinden und Renommee des Ortes mit seiner Kleinstadtatmosphäre im Zentrum. Die Altstadt, die überwiegend autofreie *città murata*, ist uraltes Kulturland. Hier wurden frühe Steinzeitfunde gemacht, keltische Ansiedlungen entdeckt und Spuren der Zerstörung durch die Römer im 2. Jh. v. Chr. gefunden. (C3)

BESICHTIGUNGEN

Castello Baradello

Die Ruine thront am Osthang des Monte della Croce 432 m über der Stadt, der Ausblick über die Türme und Dächer ist grandios. 1158 von Friedrich Barbarossa zum Schut-

MARCO POLO TIPS FÜR COMO UND DEN NORDWESTEN

1 **Villa dell'Olmo in Como**
Schönes, altes Bauwerk für zeitgemäße Kulturveranstaltungen (Seite 47)

2 **Freitreppe zum Palazzo Perabò in Cerro**
Einzigartiger Blick auf einen Golf des Lago Maggiore (Seite 51)

3 **Von Mezzegra nach Viano**
Wanderung durch eine Gegend, in der die Zeit stehengeblieben scheint (Seite 53)

4 **Domplatz von Como**
Ein Stück alte Lombardei, ein Gruß der Vergangenheit (Seite 47)

ze Comos errichtet, wurde die Festung von den Visconti ausgebaut. *Von der P. S. Rocco über die Bahngleise und die Serpentinen hinauf, Do, Sa und So 10–12 und 14.30–17 Uhr*

Domplatz

★ Dom *S. Maria Maggiore, Broletto* (ehemaliges Rathaus) und *Torre Comunale* riegeln den Platz als Block nach Osten hin ab und bieten ein Bild seltener Großartigkeit. Stadtturm und *Broletto* sind Bauten des frühen 13. Jhs., am Dom wurde über Jahrhunderte gewerkelt. Im plastischen Schmuck des Hauptportals ist neben Heiligen auch Platz für säkulare Größen: Plinius der Ältere und Plinius der Jüngere – eine Ehrerbietung der Bauherren an die römischen Literaten und Naturkundler. Am schmuckreichsten ist die *Porta della Rana* (Froschportal), die ihren Namen einem heute kaum noch sichtbaren, eingemeißelten Frosch verdankt. Das weite, spätgotische, dreischiffige Langhaus ist im Innern recht dunkel, beeindruckt aber durch seine monumentale Würde. Die Fassade des *Broletto* ist aus grauem, rosa und weißem Marmor gefertigt. Der bei den Kämpfen um Como verwüstete Stadtturm ist erst 1927 originalgetreu wieder aufgebaut worden.

Villa dell'Olmo

★ ◎ Plinius der Jüngere soll hier einst eine Ulme gepflanzt haben. Nach ihr erhielt die Villa, ein einzigartiges bauhistorisches Schmuckstück, ihren Namen. Als Bauherr ist der Marchese Innocenzo Odescalchi in den Annalen vermerkt, vollendet wurden die Bauarbeiten 1789. Napoleon, der

Il duomo in Como: marmornes Monument der Spätgotik

österreichische Kaiser Ferdinand I. und die Visconti haben hier residiert. 1927 ging das mit Säulen und Skulpturen auf der Dachterrasse verzierte Gebäude in den Besitz der Gemeinde Como über, die es zum kulturellen Zentrum machte. In den geschmackvoll eingerichteten Sälen finden Theateraufführungen und Konzerte statt; auch Kongresse werden in der Villa veranstaltet. Attraktionen sind der Spiegelsaal und der prachtvolle Garten. *V. Cantoni, Mo–Sa 8–18 Uhr (bei größeren Veranstaltungen geschl.)*

MUSEEN

Museo Civico Archeologico

Die ältesten archäologischen Fundstücke stammen aus der Steinzeit (8000 v. Chr.). Sie liegen neben Fundstücken aus Bronze- und Eisenzeit. Der ausgestellte Einbaum, mit dem die Ursiedler auf den See hinausfuhren, ist über 3000 Jahre alt. Die Gemäldegalerie zeigt vor allem Werke heimischer Künstler. *P. Medaglie d'Oro 1, Di–Sa 9.30–12.30 und 14–17, So 10–13 Uhr, 6000 Lit*

Museo Tempio Voltiano
Alessandro Volta (1745–1827) zählt zu den berühmtesten Söhnen der Stadt. Nicht nur die von seinem Namen abgeleitete Bezeichnung Volt ist durch ihn in die Elektrizität eingeführt worden, sondern auch eine Reihe anderer Neuerungen. *Viale Marconi, April bis Sept. Di–So 10–12 und 15–18, Okt. bis März Di–So 10–12 und 14–16 Uhr, 4000 Lit*

RESTAURANTS

Del Gesumin
In dem alten Gemäuer empfiehlt sich zum Abendessen ein *ossobuco* mit Polenta. Eine reichhaltige Weinkarte rundet das Angebot ab. *V. 5 Giornate 46, Tel. 0 31/ 26 60 30, So geschl., Kategorie 1–2*

Al Giardino
Wer sich einmal etwas Gutes gönnen will, sollte in dieser wunderschönen Jugendstilvilla speisen. Hier gibt es *cavedona*, den Comer-See-Fisch schlechthin – weißes Fleisch und sehr fein. Die Fischsuppe wird so aufwendig vorbereitet, daß sie vorbestellt werden muß. *V. Montegrappa 52, Tel. 0 31/26 50 16, So-Abend, Mo und im Aug. geschl., Kategorie 1*

Taverna Pizzeria Spagnola Cavour
Pizza total! Abends stehen die Leute Schlange, das Lokal ist chronisch überfüllt, und einige Touristen sind immer verärgert, weil Stammgäste bevorzugt an die Tische gelassen werden. Doch Anstehen und Ärger sind im Nu vergessen, wenn es an die feinen und originellen Pizzavarianten zu fairen Preisen geht. *V. Grassi, Tel. 0 31/27 24 60, Mi geschl., Kategorie 2–3*

CAFÉ

Pasticceria Belli
In diesem gediegenen und traditionsreichen Kaffeehaus werden die süßen Sachen in den Vitrinen wie Juwelen dargeboten und würdevoll serviert. Den Preis, der dafür zu bezahlen ist, sind sie wert. *V. Vittorio Emanuele II 7, tgl. 8 bis 22 Uhr*

EINKAUFEN

Como ist die *città della seta*, die Seidenmetropole, wo international bekannte Couturiers ihre Stoffe ordern. Überall in der Stadt bieten Geschäfte Kleidung und Tücher aus dem edlen Stoff an. Insider gehen zu *Ratti*, der ersten Adresse für dieses Gewebe, *V. Cernobbio* (direkt links hinter der Villa dell'Olmo). Dort sind Krawatten, Tücher und Meterware, auch aus Wolle oder anderen Fasern, zu recht günstigen Preisen zu bekommen.

HOTELS

Albergo Posta
Zentrale Lage, funktionale Einrichtung, herrliche Restaurantterrasse. *V. Garibaldi 2, Tel. 0 31/ 26 60 12, Fax 26 63 98, 18 Zi., Kategorie 2*

Sole
Ideal für Rucksacktouristen und solche mit limitierter Barschaft. Die meisten Zimmer haben weder Bad noch Dusche, dafür gibt

es im Haus eine Bar, die Treffpunkt der Einheimischen ist. *V. Borgovico 91, Tel. 0 31/57 33 82, 14 Zi., Kategorie 3*

Villa Flori
Feine Adresse in der Nähe der Villa dell'Olmo. *V. Cernobbio 12, Tel. 0 31/57 31 05, Fax 57 03 79, 45 Zi., Kategorie 1*

JUGENDHERBERGE

Ostello Villa dell'Olmo
In der Nähe der gleichnamigen Villa, für junge Reisende ein Preisknüller. *V. Cantoni, Tel. 0 31/ 57 38 00, Okt. bis Feb. geschl.*

SPORT

Segeln
Circolo Vela Como, Viale Puecher 8, Tel. 0 31/57 47 25

AM ABEND

Bar Nazionale
Seit bald vier Jahrzehnten ist diese Bar eine Institution. Geführt wird sie vom Schwesternduo Bruna und Nuccio Pessina, zwei mit viel Menschenerfahrung gesegneten alten Damen, bei denen schon mancher Mann einen Rat erheischt hat. *V. Odescalchi 12, tgl. 8–24 Uhr*

AUSKUNFT

APT
P. Cavour 17, Tel. 0 31/26 20 91, Fax 26 11 52, Mo–Sa 9–12.30 und 14.30–18 Uhr

Schiffsausflüge
Navigazione Lago di Como, P. Cavour, Tel. 0 31/30 40 60, oder V. Rubini 22, Tel. 0 31/27 33 24

ZIELE IN DER UMGEBUNG

Campione d'Italia
Die lombardische Exklave im Tessin ist am aufregendsten für leidenschaftliche Spieler. Im *Kasino (tgl. ab 15.30 Uhr)* am Seeufer herrscht an Roulette- und Bakkarattischen Sakkozwang. Die Schiffsfahrt dauert 20 Minuten, Grenzformalitäten gibt es nicht, im Kasino muß jedoch bisweilen ein Ausweis vorgelegt werden. Die barockisierte gotische Friedhofskapelle *Madonna dei Ghirli* am südlichen Ortsrand trägt an der Außenwand und im Innern schöne Fresken. (C2)

Castiglione Olona
Der früher unbedeutende Ort (25 km westlich von Como) verdankte seinen Quantensprung zur ländlichen Residenzstadt im Stil der toskanischen Frührenaissance dem Umstand, daß hier der Kardinal und päpstliche Legat Branda Castiglione das Licht der Welt erblickt hatte. Der kunstsinnige Karrierist wollte in der ersten Hälfte des 15. Jhs. aus seinem Geburtsort ein »Klein-Florenz« machen und lockte Florentiner Künstler in das – heute reizvoll verfallene – Bergdorf über dem Ufer des Olona. Bedeutende Bauten sind die *Casa Castiglione* (1436), der einst prunkvolle Familiensitz des gleichnamigen Geschlechts, und die Kirchen *Chiesa di Villa* (1443) sowie *S. Maria* (1428). Für den Kirchenschatz gibt es ein kleines Museum *(Museo della Collegiata, V. Cardinal Branda 1, Sa und So 14.30–18 Uhr, 4000 Lit)*. Die *Fiera del Cardinale*, ein Floh- und Antiquitätenmarkt, findet stets am ersten Sonntag im Monat statt. (C3)

Cernobbio

Der 5 km von Como entfernte Ferienort gehört zu den berühmtesten am See. Allerdings sind die meisten Villen in Privatbesitz, nur Parks können besichtigt werden. Im Luxushotel Villa d'Este logierten der italienische Adel, Angehörige des britischen Königshauses und eine russische Zarin. Acht Tennisplätze, ein Golfplatz, Squashanlage und andere Annehmlichkeiten stehen zur Verfügung. Der diskrete Service gehört zur feinsten Art, sich in dieser Welt verwöhnen zu lassen. Das hat natürlich seinen Preis: nicht unter 700 DM – das billigste Zimmer! *Grand Hotel Villa d'Este, Tel. 0 31/51 14 71 und 51 24 71, Fax 51 20 27, 47 Suiten, 111 Zi., Kategorie 1* (C3)

Lago Maggiore

Der Name besitzt magischen Klang und verkörpert alles, was *bella Italia* ausmacht. Subtropische Vegetation, azurblaues Wasser, blutrote Sonnenuntergänge. Allerdings treffen diese Klischees am ehesten auf den nördlichen und westlichen Teil des Sees zu, den sich Schweiz und Piemont teilen. Das lombardische Ostufer ist landschaftlich und klimatisch unterlegen. Dennoch hat der Lago Maggiore (216 qkm, 66 km lang, 11 km breit an der breitesten Stelle, maximale Tiefe 372 m) auch an der weniger spektakulären Seite seine Reize. Und die Tatsache, daß hier die mondänen Orte fehlen, hält die Preise erfreulich niedrig.

Der See ist an der Halbinsel bei *Angera* am schmalsten: nur 2 km breit. Arona am gegenüberliegenden Ufer scheint zum Greifen nah. Angera ist in sanfte Hügel gebettet und wird von einer zinnengekrönten Burg überragt, der *Rocca*. Zwischen dem 13. und 15. Jh. gehörte sie den Visconti. Ihr höchster Wachturm ist 30 m hoch. Schon vorher hatten Römer und Langobarden den Felsen, auf dem die Burg steht, als Befestigungsanlage genutzt.

Schon zur Region Piemont gehört *Arona* (17 000 Ew.). Die Uferpromendade der am südlichen Lago Maggiore gelegenen Stadt mit bedeutender Wirtschaftskraft ist eine der schönsten am See. Wer am Stadtrand auf einer Anhöhe die mit ihrem Sockel 35 m hohe *Statue* von Carlo Borromeo im Inneren besteigt, hat durch die Augen der Statue einen grandiosen Ausblick auf den See und das Varesotto. Borromeo entstammte dem Mailänder Adel und verschaffte sich als katholischer Fanatiker im Kampf gegen den Protestantismus des 16. Jhs. einen zweifelhaften Ruf. Der steinerne Fromme überragt die Kirchen *S. Martiri* mit ihrer barocken Fassade und dem klassizistischen Innern und *S. Maria Nascente* mit ihrem schönen Flügelaltar »Anbetung des Kindes«. Im *Museo Archeologico (P. S. Grazziano, tgl. 9.30–12 und 14.30–17.30 Uhr, 6000 Lit)* ist die weit zurückreichende Siedlungsgeschichte dokumentiert. Eine akzeptable Unterkunft ist das *Hotel Giardino (Corso della Repubblica 1, Tel. 03 22/4 59 94, 55 Zi., Kategorie 2)*. Gut speisen läßt es sich in der *Trattoria Campagna (V. Vergante 12, Tel. 03 22/5 72 94, Mo geschl., Kategorie 3)*.

Ein eher ärmlicher Ort ist *Cerro*, doch mit was für einer Freitreppe! Im arkadengeschmückten *Palazzo Perabò* sind die schönsten Stücke aus der über hundertjährigen Keramikfabrikation des nahen Laveno ausgestellt. Zu ihm hinauf führt jene ★ Freitreppe, die jeden wahren Herrensitz auszeichnen sollte. Wer auf den flachen, in Steine aus Gneis gefaßten und grasüberwucherten Stufen am Aufgang zur Seeseite des Palastes sitzt, dem wird die Zeit abhanden kommen.

Luino, der Ort an der Mündung des Tresa-Flusses, zehrt von dem Ruhm, Heimatstadt des lombardischen Renaissancemalers Bernardino Luini (1490 bis 1532) zu sein. Er schenkte der Kirche *Madonna del Carmine* und der Friedhofskirche *S. Pietro* ihre Fresken. Jeden Mittwoch findet ein seit fünf Jahrhunderten beliebter *Markt* statt. Von Luino aus können Ausflüge ins Veddasca-Tal und nach Maccagno gestartet werden. (B 2–3)

Lecco

Die sympathische Stadt (50 000 Ew.) an einer wunderschönen Bucht und von einem Kranz schützender Berge umgeben steht im Schatten Comos. Sie bewacht den östlichen Arm des Lago di Como und ist Schauplatz eines der bekanntesten Romane Italiens: »Die Verlobten« (»I promessi sposi«). Die schmachtende Love-Story von Renzo und Lucia geht – im Gegensatz zu der Romeos und Julias – mit einem Happy-end aus. Geschrieben hat sie Alessandro Manzoni (1785 bis 1873), einer der Begründer der italienischen Hochsprache. Zahlreiche Straßen-, Hotel-, Gasthaus- und Geschäftsnamen können mit der Liebesgeschichte in Verbindung gebracht werden. Das Standbild Manzonis ist 2,80 m hoch und besitzt ein Hochrelief, auf dem Sequenzen seines berühmten literarischen Werkes dargestellt sind. Im *Wohnhaus* des Schriftstellers wurde eigens ein Museum eingerichtet *(Museo Civico Villa Manzoni, V. Guanella 1, Di–Sa 10–13 und 14.30–17.30, So 10–13 Uhr, 6000 Lit).* (D 3)

Valsasina

Eine weiße Ziellinie und eine kleine Kirche markieren die Paßhöhe zur Valsasina, zum Tal von Asso 20 km östlich von Como. Ein »Wallfahrtsort« für wadenstarke Steigungsspezialisten. Am Denkmal mit zwei Bronzeradfahrern überrascht die Inschrift: »... und dann erschuf Gott das Fahrrad.« Das Kirchlein entpuppt sich als religiöser Ruhmestempel des Radsports. Wände, Nischen und Altäre sind bedeckt mit Trophäen, Wimpeln, Hemden und Fahrrädern dankbarer Sieger von Radrennen, darunter Weltmeister wie Eddi Merckx und Gianni Bugno. Dazwischen behauptet sich mühsam eine Urkunde Papst Pius' XII. von 1949, die die heilige Maria von Ghisallo zur Patronin der Radfahrer erklärt. (D 3)

Varese

In dieser Provinzhauptstadt (90 000 Ew.) hat man mit Touristen nicht viel im Sinn. In den Altstadtgassen rund um den *Corso Matteotti* läßt es sich gut spazieren, Kaffee trinken und von den einheimischen Süßspeisen naschen. Auf den Gipfel des *Sacro Monte* im Nordwesten der Stadt führt ein 2 km langer, kopfsteingepflasterter Wallfahrtsweg. Der *Lago di Varese* (8,5 km lang, 4,5 km breit, größte Tiefe 26 m) ist an vielen

Uferpartien versumpft. Über ihm steht mit dem *Campo dei Fiori* (1226 m) die höchste Erhebung des Varesotto. (B–C 3)

MENAGGIO

Der auf einer Landzunge gelegene Ort (3200 Ew.) ist ökonomisches und touristisches Zentrum des westlichen Teils des Lago di Como, kunstgeschichtlich aber von minderer Bedeutung. Dennoch werden historischer Ortskern und blumengeschmückte Promenade als bezaubernd empfunden. (D 2)

RESTAURANTS

Meneghet
Das historische Haus in der Altstadt hinter der Kirche, am Weg zum *Castello*, bietet solide lombardische Küche. *V. C. da Castello 9, Tel. 03 44/3 20 82, Kategorie 2*

Da Paolino
Das gemütliche *ristorante* im Hotel Corona ist ein Familienbetrieb, es geht herzlich zu. Auf der hübschen Terrasse werden unter Weinlaub köstliche Nudelgerichte serviert, reichhaltige Salate und offener Wein. *Largo Cavour 4, Tel. 03 44/3 23 35, Kategorie 2–3*

EINKAUFEN

Bulli & Pupe
Anspruchsvolle Lederwaren und Schuhe in hoher Qualität und modernem Design. *V. Caronti 6*

Decio
Innenausstattungsgeschäft mit Kleinmöbeln, erstklassigen Möbelstoffen und Tapeten. *V. Lusardi 22 und (Ausstellungsraum) 42*

HOTELS

Alpino
Einfaches Haus, etwas versteckt in einer altstädtischen Gasse, mit preiswerter, hauseigener Pizzeria. *V. IV Novembre 38, Tel. 03 44/3 20 82, 7 Zi., Kategorie 3*

Bellavista
Großer alter Kasten am Yachthafen mit Speiseterrasse. *V. IV Novembre 21, Tel. 03 44/3 21 36, Fax 3 17 93, 46 Zi., Kategorie 2*

Corona
Modernes Haus gleich neben der Touristeninformation und zentral am Wasser. Die meisten der gepflegten Räume haben Balkon und Seeblick. *P. Garibaldi, Tel. 03 44/3 20 06, 45 Zi., Kategorie 2*

Grand Hotel Menaggio
Im ersten Haus am Platz fühlt man sich einer gediegenen Gastkultur verpflichtet. Neben allem möglichen Komfort ist die noble Herberge auch behindertengerecht und besitzt ein ausgezeichnetes Restaurant. *V. IV Novembre 69, Tel. 03 44/3 26 40, Fax 3 23 50, 49 Zi., Kategorie 1*

CAMPING

Camping Lido
Platz im nördlichen Ortsbereich. Der Swimmingpool des nahe gelegenen Strandbads Lido Giardino kann benutzt werden. *V. Roma 4, Tel. 03 44/3 11 50*

SPORT

Golf
Golfclub Menaggio e Cadenabbia vor den Toren der Stadt in *Grandola ed Uniti, Tel. 03 44/3 21 03*

Bellagio: Wer im Park der Villa Melzi turtelt, hat illustre Vorgänger

Reiten

Mietpferde im Reiterhof *Centro Ippico la Torre*, auch Tages- und Halbtagesausflüge zu Pferde. *Im Stadtteil Loveno, an der Straße nach Porlezza, Tel. 03 44/3 70 04*

Wandern

Der womöglich schönste ★ Wanderweg der Gegend führt von der Kirche von Mezzegra über Bonzanigo nach Viano: ein uralter, gepflasterter Fußpfad durch steingraue Dörfchen mit der eigenartigen Aura der Zeitlosigkeit, vorbei an weltvergessenen Weilern und Waschhäusern, in denen immer noch Frauen arbeiten, und an der Villa Brentano vorüber, die in der kleinbäuerlichen Gegend völlig deplaziert wirkt.

Wassersport

Centro Nautico Boat Service, V. Cipressi, Tel. 03 44/3 10 03

AUSKUNFT

APT

P. Garibaldi 8, Tel. 03 44/3 23 34 oder 3 21 18

Schiffsverkehr

Navigazione Lago di Como, Tel. 03 44/3 22 55

ZIELE IN DER UMGEBUNG

Argegno

Das Städtchen mit seiner hübschen Promenade ist Ausgangspunkt für Touren ins Intelvi-Tal. Viele Steinmetzen, die Baukunst und Bauplastik der Lombardei prägten, stammten von dort, weshalb sie auch *maestri intelvesi* genannt wurden. Unweit des Ortes beginnt die *Via dei Monti Lariani*, der Wanderweg der Comer-See-Berge. Er zieht sich 130 km lang in Kurven und Schleifen über dem Westufer entlang, in einer durchschnittlichen Höhe von 1000 m. Von der Val Intelvi aus, dem Tal, das Comer und Luganer See verbindet, führt die Wanderung durch dichte Kastanien-, Buchen- und Eichenwälder, überschreitet die Baumgrenze und geht dann an Bergbauernhöfen und Almen vorbei. Immer wieder sind aus der Höhe Teile des blitzenden Lago di Como zu sehen. (C 3)

Bellagio

Der Ort (4000 Ew.) an der Spitze der Halbinsel zwischen den beiden südlichen Armen des Sees dürfte an Schönheit kaum noch zu überbieten sein und trägt deshalb den Titel Perle des Lario. Pracht und strategisch günstige Lage sind am besten zu erfassen, wenn man auf dem Seeweg übersetzt oder von Bellagio aus mit einer traditionellen Comer-See-Barke, der *lucia*, über der überdimensionale Faßdauben ein Leinwanddach spannen, auf den See hinausfährt. Die überkommene Atmosphäre altmodisch-gediegener Eleganz wird in den Hotels und an der Uferpromenade bewahrt. Ein Hauch von Belle Époque liegt über der Versammlung stolzer klassizistischer Villen, aus der zwei herausragen. Die Geschichte der *Villa Serbelloni*, eines Stücks Toskana in der Lombardei, begann mit Plinius und endete mit der Rockefeller Foundation, die sie für kulturelle Zwecke nutzt. Der Anblick des breit hingelagerten, von Zypressen gerahmten Komplexes von der Seeseite aus führt bei Abendlicht zu temporärer Atemstockung. Renaissance und Klassizismus haben hier ein Bauwunder hinterlassen *(Führungen Di–So 11–16 Uhr)*. Die *Villa Melzi*, gebaut zu Beginn des 19. Jhs., bot im kleinen maurischen Tempel, versteckt in der

Auf der verwunschenen Isola Comacina, munkelt man, hausen Verwünschte …

imposanten Gartenanlage, dem Komponisten Franz Liszt und der Gräfin d'Agoult einen Ort für zärtliche Stunden. Der *Park* kann besichtigt werden *(Okt. bis März 9–12.30 und 14.30–18, April bis Sept. 9–18.30 Uhr)*. An der Uferpromenade entzücken breite Laubengänge und Traditionscafés, dahinter liegen in engen Treppengäßchen Boutiquen und Restaurants. Eines von ihnen, *La Pergola*, ist in einem Haus untergebracht, von dem Teile über 500 Jahre alt sind. Es besitzt einen schönen Steinfußboden und eine Uferterrasse. Die *padrona* läßt hauptsächlich Fische aus dem See zubereiten *(Ortsteil Pescallo, Tel. 0 31/95 02 63, Di und im Aug. geschl., Kategorie 1–2)*. Ein Fährschiff *(traghetto)* verbindet Bellagio mit Tremezzo. *Auskunft: Promobellagio, V. Mella 2, Tel. 0 31/95 15 55.* (D2)

Isola Comacina

Dem kleinen, stillen und melancholischen Eiland sieht man seine historische Bedeutung nicht mehr an. Im Mittelalter stand hier eine Burg, um sie herum eine befestigte Stadt mit fünf Kirchen. Viele reiche Flüchtlinge suchten Zuflucht auf der Insel, weshalb sie eine Zeitlang *crisopoli* genannt wurde – goldene Stadt. 1169 wurde die Inselgemeinde von rächenden Comasken zerstört: Die Insulaner hatten zuvor Mailand bei der Zerstörung Comos unterstützt. Von der großen Vergangenheit sind nur die Ruinen der romanischen Basilika *S. Eufemia* übriggeblieben. Ein geheimnisvoller Fluch, heißt es, liegt seitdem über der Insel. Das weiß man in der *Locanda dell'Isola* auszunutzen. 1947 brachte eine spuk-und-fluch-erfahrene englische Schriftstellerin den Wirt auf die Idee, jeden Abend dasselbe Menü zu kochen, alle Gerichte überreichlich, und zum Schluß einen Kaffee »nach Räuberart« aus dem Kübel mit Feuerzauber. Der zipfelbemützte Wirt agiert bei dem Spektakel als Geisterbeschwörer. *Tel. 03 44/5 50 83, Di geschl., Kategorie 2* (C–D2)

Tremezzo

Wegen der überwältigenden Blütenpracht von Azaleen und Rhododendren wird die Riviera Tremezzina auch »Azaleenriviera« genannt. Vermutlich stehen hier und in Bellagio die schönsten Villen des Comer-See-Ufers. Die *Villa Carlotta* mit ihrem botanischen Park und der Skulpturensammlung und die *Villa la Quiete* gehören zum touristischen Pflichtprogramm. *Tgl. 9–18 Uhr, 6000 Lit* (D2)

Valsolda

Hinter Porlezza, von der stellenweise sehr schmalen Straße zur italienisch-schweizerischen Grenze, führt eine schmale Serpentine hinauf in die Valsolda mit dem Hauptort San Mamete. Diese selbst in der Lombardei wenig bekannte Berglandschaft direkt an der Grenze zum Tessin hat kleine Dörfer, die wie Adlerhorste an den Bergflanken hängen, vor allem *Castello, Oria* und *Puria*. Zu ihnen hinaufzuwandern lohnt sich wegen der ständig neuen, wunderschönen Ausblicke auf den von bewaldeten Bergen gerahmten See. Puria und Dasio sind durch Wanderwege verbunden mit dem Höhenweg zwischen Luganer und Comer See. (C2)

Großstadt mit Grandezza

Laufsteg der Reichen und Eitlen, Tummelplatz der Künstler und Kreativen

Von den Goten verwüstet, von Barbarossa zerstört, von den Visconti und anderen Tyrannen ausgeplündert, erst von den Franzosen, dann den Österreichern in Schutt und Asche gelegt, von den Faschisten und den dunklen Handlangern der Mafia mißbraucht: Mailand (1,4 Mio. Ew.) ist mit allen fertig geworden und aus Wirren und Kämpfen gestärkt hervorgegangen. Italiens einzige Stadt mit kosmopolitischem Metropolencharakter ist eine würdige Siegerin. (C–D 4–5)

BESICHTIGUNGEN

Brera-Viertel

Das ursprüngliche Künstlerviertel ist längst zur teuersten Wohngegend geworden – und hat sich doch seinen Charme erhalten. Das Straßentreiben ist lebhaft bis in die Nacht, in den Lokalen zeigen sich die *milanesi* von ihrer angenehmen Seite – *simpatico*. (E 8–9)

Ein Bummel hoch oben auf dem Dach des Mailänder Doms wird auch eingefleischte Kunst- und Kirchenmuffel begeistern

Cimitero Monumentale

Das 1866 als Friedhof gegründete Freiluftmuseum der lombardischen Bildhauerei in der Nähe des Bahnhofs Garibaldi übt starke Faszination durch den Skulpturenreichtum aus. Das lombardische Bürgertum schwelgte bei seinen Toten im typischen historischen Stilgemisch der Zeit. Auch Werke moderner Künstler stehen hier, und der Schriftsteller Alessandro Manzoni liegt auf dem Platz begraben. *Piazzale Cimitero Monumentale, tgl. 8–18, Okt. bis März 8–17 Uhr* (O)

Disegni di Architettura

Antonia Jannones kleiner Laden, der einem begehbaren Schaufenster gleicht, zeugt von ihrem Sinn für Räume. Hier werden architektonische Schauzeichnungen gehortet: von Objekten, die nie realisiert wurden – Visionen von Räumen, Imaginäres, dekorativ aufgefaßte Strukturen. Hier zeigt sich, wer Italiens prominente Architekten sind: Lombarden. *V. Marsala 4* (E 7)

Dom

Santa Maria Nascente, Mailands Dom mit seinen Spitztürmchen,

MARCO POLO TIPS FÜR MAILAND UND MONZA

1 **Galleria Vittorio Emanuele II**
Die Mailänder überlassen ihre gute Stube nicht den Zugereisten (Seite 58)

2 **Stazione Centrale**
Eine der letzten großen Kathedralen des Verkehrs (Seite 59)

3 **Palazzo delle Stelline**
Einmal im Palast wohnen und träumen mit Leonardo da Vinci (Seite 71)

4 **Castello Sforzesco**
Großartige Kunstsammlung in romantisch-gruseligem Ambiente (Seite 60)

den üppigen Verzierungen, Knollen, Krabben und Ranken, mehr als 3000 Heiligenfiguren und allerlei anderen steinernen Gestalten, ist offiziell ein Gotteshaus, aber in Wirklichkeit einer der unterhaltsamsten Orte, der je von Kirchenbaumeistern geschaffen wurde. »In der Ferne scheint es, als sei er aus weißem Postpapier geschnitzelt, und in der Nähe erschrickt man, daß dieses Schnitzelwerk aus unwiderlegbarem Marmor besteht«, spottete Heinrich Heine. Der Dom, dessen Bauarbeiten 1386 begannen, ist wie in kaum einer anderen Metropole eindeutiger Mittelpunkt architektonischer Stadtentwicklung, aber auch des Gemeinwesens. Das Kuriosum, auf dessen Dach sich wie zwischen Stalagmiten trefflich spazieren läßt, wobei der Aufgestiegene an smogfreien Tagen auch noch mit einem grandiosen Blick über die Stadt und die endlose Po-Ebene und die großartige Kulisse der Alpen belohnt wird, ist mehr als jedes andere hochfahrende lombardische Bauwerk ein Symbol für den Aufstieg der Region. (F 10)

Galleria Vittorio Emanuele II

★ Der Hauptgang ist 196 m lang, 14,5 m breit und 32 m hoch. In der Glaskuppel, Durchmesser 40 m, kreuzen sich die vier Arme der Galleria. Darunter sind in vier großen Fußbodenmosaiken die Wappen der vier führenden italienischen Städte nachgebildet: Rom, Florenz, Turin, Mailand. Das imposante Bauwerk trägt den Namen des Monarchen, der Italien einigte. Die Galleria steht unter besonderem städtischen Schutz, weshalb sich die wunderbaren kleinen Läden und Buchhandlungen noch halten können. In der Bar Camparino waren Verdi und Puccini Stammgäste. Giuseppe Mengoni baute dieses Ensemble aus Stein, Stahl und Glas von 1865 bis 1877. Seitdem ist es Mailands Salon, in dem Großfamilien wochenends herumspazieren. (E 10)

Gärten und Parks

Mailand ist in der Horizontalen eine graue Stadt, selbst den Alleen fehlen Bäume. Doch der Blick nach oben erfaßt das wuchernde Grün auf Balkonen und

Dächern: Steinwüste mit Dachgärten. Auch am Boden gibt es mehr Grün, als zu vermuten ist. Die *Giardini di Villa Reale,* 1790 von Leopold Pollak für die Familie Belgioioso entworfen, sind immer voller Kinder, die auf sauberen Wiesen toben, denn Hunde müssen draußen bleiben (G 8, *V. Palestro 16, tgl. 7–21 Uhr im Sommer, bis 16.30 Uhr im Winterhalbjahr).* Die *Giardini Pubblici* gegenüber stammen von Scala-Baumeister Giuseppe Piermarini (1782). Der »Hauspark« der Mailänder besitzt Spielanlagen, einen kleinen *Zoo (6000 Lit)* und eine Joghurtbar (G 7–8, *V. Palestro/Bastioni di Porta Venezia, tgl. 7–23 Uhr im Sommer, 6.30–16.30 Uhr im Winterhalbjahr).* Der *Parco Sempione* ist öffentlicher Park seit 1893. Darin befinden sich Palazzo dell'Arte, ein Stahlturm und das Denkmal für Napoleon III., der gemeinsam mit dem Piemontesen Viktor Emanuel die Habsburger aus Mailand verjagte. Dazu ein *Aquarium (Di–Fr und So 9–12 und 14–17 Uhr),* ein angeblich heilendes Wasser spendender Brunnen, an dem sich Nierenkranke den Schwefeltrank *acqua marcia* abfüllen, und eine Eisenbahn für Kinder (B–D 7–9, *V. Gadio/V. Emilio Alemagna/P. Sempione).*

Santa Maria delle Grazie

Mailands größter Kunstschatz in der Frührenaissancekirche des ehemaligen Klosters, Leonardo da Vincis Fresko »Das Abendmahl«, wird seit 1976 restauriert. Der Millimeterarbeit der Restaurateure kann man hinter der Absperrung zuschauen. Ihretwegen wurden die nachmittäglichen Öffnungszeiten abgeschafft. Wie lange die feine und mühsame Arbeit der Experten im grellen Scheinwerferkegel, die einmal zehn Jahre veranschlagt hatten, noch dauern wird, wagt keiner mehr zu schätzen. Da Vinci brauchte drei Jahre (1495–97). Zur Zeit ist eine Besichtigung des Freskos wegen der Arbeiten überhaupt nicht möglich, voraussichtlich bis Februar 1995 – freilich ohne Garantie. *V. Saffi 3, Di–So 8.15–13.45 Uhr, 6000 Lit* (B 10)

Stadtrundfahrt

Die dreistündige Rundtour des Busunternehmens Autostradale berührt alle Sehenswürdigkeiten. *Abfahrt 9 und 14.30 Uhr vor dem Palazzo del Turismo am Dom, Mo, So und an Feiertagen nur eine Tour um 10 Uhr. Der Preis von 50 000 Lit schließt Eintrittskarten und die deutschsprachige Führung ein.* (E 10)

Stazione Centrale

★ Wie aus einem Felsen geschlagen, der bei der Erschaffung dieser brettflachen Ebene aus unerklärlichen Gründen hierhergeriet, erhebt sich der Mailänder Hauptbahnhof. Lange war er Kathedrale des Fortschritts, auftrumpfendes Monument der technischen Zivilisation, aber auch Ort der Romantik. Wo einst Orientexpreß und *train bleu* unter Dampf standen, wartet heute der ICE. »Schaut sie euch an, diese Steinmassen, diese Mauern so hoch wie Gebirge, diese Gewölbe, so weit droben wie Wolken, dieses Eisen, diesen Rauch, diese Lampen«, schreibt die große alte Schriftstellerin Anna Maria Ortese in ihrem empfehlenswerten Buch »Stazione Centrale«. Es gibt nur wenige Bahnhöfe auf der

Welt, die so sehr Bewegung und Transformation verkörpern. Der einzelne Mensch geht unter in diesem riesigen Gebäude, verliert sich in der Masse. Wieviel Trauer, Schmerz und Vergeblichkeit sind an diesen Mauern widergehallt, aber auch wieviel Hoffnung und Freude. Die großen Einwanderungsströme aus dem Süden gingen über diesen Bahnhof. Ein faszinierender Ort, trotz seiner monumentalen Düsternis. Auf dem Platz vor dem Zentraleingang versammelt sich die Menge der Arbeitssuchenden aus Dritte-Welt-Ländern, er ist auch ein Drogenumschlagplatz, und rings um den Bahnhof hat sich der Straßenstrich ein Revier erobert. Beim Anblick ineinander verschobener und verkeilter Menschenmassen ist gerade hier zu begreifen, warum Mailand die »italienische Hauptstadt der Arbeit« genannt wird. (O)

MUSEEN

Castello Sforzesco

★ Das Ziegelgebirge ist nur noch die Hülle der gewaltigen Burganlage aus dem 14. Jh., des ehemaligen Sitzes der Visconti und Sforza. Ein veritables Labyrinth mit idyllischen, romantischen und gruseligen Zutaten, mit schmalen Steintreppen, gefährlich anmutenden Holzstegen und eisernen Wendelstiegen. Die städtischen Kunstsammlungen sind in mehreren Museen untergebracht. Eine außergewöhnliche Kostbarkeit ist die unvollendete Pietà Rondanini von Michelangelo, ein vom nahen Tod des Künstlers mitgestalteter Torso, im *Saal XV* des *Civico Museo d'Arte Antica del Castello. P. Castello, Di–So 9.30–12.15 und 14.30 bis 17.15 Uhr, kein Eintritt* (D 9)

Museo Archeologico

Beachtenswerte Funde aus frühhistorischer und antiker Zeit, anschaulich dargeboten. Darunter ein weltberühmtes Geheimnis: die *tazza diatreta*, ein Glasgefäß aus dem 4. Jh. Die Herkunft dieses von einer bunten Netzarbeit überzogenen Stückes ist bis heute ungeklärt. Im kleinen Hof vor der Eingangstür liegt ein riesiger Weihstein aus der Val Comacina mit Inschriften aus der späten Bronzezeit oder dem Anfang der Eisenzeit. Der mächtige Torso des Herkules jagt mancher weiblichen Besucherin Schauer über den Rücken, während bodybuildinggestählte Männer neidisch werden. Einige der archäologischen Stücke schenkte Israel der Stadt Mailand. Eine Rarität ist der Gipsabguß mit der Inschrift Pontius Pilatus. Architekturfragmente aus der römischen Zeit nehmen den größten Raum in diesem lohnenden Museum ein. *Corso Magenta 15, Di–So 9.30–17.30 Uhr, 6000 Lit* (C 10)

Museo Poldi-Pezzoli

Bei einer Umfrage schnitt es als beliebtestes Museum der Mailänder ab. Die wertvolle Privatsammlung in einem Palazzo des 18. Jhs. zeigt neben Gemälden von Botticelli und Perugino – besonders schön: das Frauenprofil von Antonio del Pollaiolo – auch antike Uhren, Juwelen und Möbel. Graf Pezzoli vermachte seinen Palast mit 22 kleinen Sälen testamentarisch der Stadt und hat nun davon, daß er seitdem als einer der größten Mäzene des Landes gilt. *V. Manzoni 12, Di–Fr*

9.30–12.30 und 14.30–18, Sa bis 19.30, So bis 12.30 Uhr, 6000 Lit (F9)

Museo Teatrale alla Scala
Das Theatermuseum eines der leistungsfähigsten und höchstdotierten Opernhäuser der Welt hat den Vorteil, daß man einen Blick in die 1776–78 erbaute Oper werfen darf, wenn man schon nicht zu den 2800 Zuschauern gehört, die allabendlich in den Saal dürfen. Die Hochburg italienischer Tonkunst, Europas größtes Theater, schwelgt in blut-

Castello Sforzesco: Die mächtige Anlage birgt weltberühmte Kunstwerke

Pinacoteca di Brera: in fast 50 Sälen mehr als 500 Exponate

rotem Samt, Elfenbein und goldverzierten Kronleuchtern. Vorher kann man sich Masken, seltene Bücher und zwei Klaviere Giuseppe Verdis anschauen. *P. Scala, tgl. 9.30–12.30 und 14.30 bis 18 Uhr, 6000 Lit* (E 9)

Pinacoteca di Brera
Ein wunderschöner, reicher Gemäldehort mit seinem Hauptwerk, dem aufgebahrten Christus von Andrea Mantegna. Der Filmemacher Pier Paolo Pasolini hat sich in vielen Kameraeinstellungen an diesem Bild orientiert. Das kurioseste Werk steht im Innenhof vor der Eingangstreppe: der nackte, bronzene Napoleon von Antonio Canova, dem Apoll nachempfunden. Als Gott der Schönheit wirkt der kleinwüchsige Kaiser höchst merkwürdig. Die imperiale Größe Napoleons ist hier bis ins Lächerliche reduziert – Rache an einem Eroberer. *V. Brera 28, Di–Sa 9–17.30, So 9–12 Uhr, 6000 Lit* (E 8)

RESTAURANTS

L'Amour
Intime Nische der Behaglichkeit, in der bei Scampi-Spießen oder zartem Rinderfilet ein geflüstertes *amore mio* nicht befremdlich anmutet. *V. Solferino 25, Tel. 02/6 59 01 76, Di-Mittag und Mo geschl., Kategorie 1–2* (E 7–8)

Assassino
Im Stammlokal der Sportler und Trainer gehen Milanos Fußballprofis ein und aus. Sie bevorzugen naturbelassene Kost wie die *costata alla fiorentina* (gegrilltes Rippenkotelett). *V. Amedei 8, Tel. 02/8 05 61 44, Mo geschl., Kategorie 2* (E 11)

Aurora
Trattoria mit familiärer Atmosphäre und köstlichen piemontesischen Spezialitäten. Mittags sind die Preise hier günstiger als am Abend. *V. Savona 23, Tel. 02/89 40 49 78, Mo geschl., Kategorie 2–3* (A–B 12)

Bagutta
Lombardische Küche, Spezialität: *rigatoni alla Bagutta* (Nudeln mit Hühnerleber-Rahmsauce). Mittags beliebter Treffpunkt für Künstler und Geschäftsleute. Seit Jahren wird hier der begehrte Bagutta-Literaturpreis verliehen. *V. Bagutta 14, Tel. 02/ 76 00 27 67, So geschl., Kategorie 2* (G 9)

Bice
Die toskanische Wirtin ist Wahlmailänderin und erfreut sich des gelegentlichen Besuchs von Armani. Sie achtet darauf, daß nie der beliebte *stracotto di manzo* (zarter Rinderschmorbraten) auf der Speisekarte fehlt. *V. Borgospesso 12, Tel. 02/70 25 72, Di-Mittag und Mo geschl., Kategorie 2* (F 9)

Boeucc
Im 200 Jahre alten, großen Schlemmerlokal mit eleganter Atmosphäre gönnen sich Mailänder ihr Leibgericht: *ossobuco con risotto alla milanese* (Kalbshaxe mit Safranreis). *P. Belgioioso 2, Tel. 02/ 76 02 02 24, So-Mittag und Sa geschl., Kategorie 2* (F 9)

La Braque
Scharen von Models und Stylisten treffen sich in diesem Loft inmitten des größten Fotostudios Europas zum leichten Mittagstisch. Dementsprechend kalorienbewußt ist die Karte. *V. Forcella 13, Tel. 02/89 40 15 95, So geschl., Kategorie 2* (O)

Brek
Selbstbedienungsrestaurant mit dementsprechend sehr günstigen Preisen, einem Nichtraucherteil und mittäglichem Ansturm von Büroangestellten. *Piazzetta U. Giordano 1, Tel. 02/76 02 33 79, So geschl., Kategorie 3* (G 10)

La Bricciola
Riesige Pflanzen und hohe Jugendstilspiegel. An den Tischen mustern sich *fashionable people*. Das Buffet ist farbenfroh mit Früchten überladen. Über 20 Carpaccio-Varianten. *V. Solferino/Marsala, Tel. 02/6 55 10 12, So und Mo geschl., Kategorie 2* (E 8)

La Brisa
In den riesigen Räumen mit schattigem Innenhof genießt man vorzügliches *risotto alla milanese. V. Brisa 15, Tel. 02/86 45 05 21, Sa geschl., Kategorie 1–2* (D 10)

Carosello
Ein schriller Szeneladen, in dem die Nahrungsaufnahme deutlich hinter der Zurschaustellung rangiert. Trotzdem sind die sieben Tische, über denen ein seidener Baldachin schwingt, immer ausgebucht. *V. Pietro Custodi 12, Tel. 02/58 10 08 89, Mo geschl., Kategorie 2* (O)

Casa Fontana
Ein Lokal für Reisliebhaber. Über 20 *risotti*. Signor Fontana bevorzugt *risotto alla Giuseppe Verdi* (mit Spargeln, Pilzen und Schinken). *P. Carbonari 5, Tel. 02/6 89 26 84, Sa-Mittag und Mo geschl., Kategorie 2* (O)

Coke
Pizza und Pop an den *naviglie*, serviert von jungen Leuten. *V. Pavia 10, Tel. 02/8 39 48 86, Mi und im Aug. geschl., Kategorie 3* (O)

Il Giallo
Mannequins und Modemacher relaxen hier am Abend. Beliebt ist Carpaccio mit Parmesanscheibchen und *rucola* (Raukesalat). *V. Milazzo 6, Tel. 02/6 57 15 81, So geschl., Kategorie 1–2* (O)

Al Girarrosto
Der Wirt freut sich, daß auch Gianfranco Ferré hier manchmal ein Häppchen zu sich nimmt. Die Weinkarte ist phänomenal. *Corso Venezia 31, Tel. 02/76 00 04 81, So-Mittag und Sa geschl., Kategorie 2* (G 9)

Girasole
Vegetarisches Restaurant mit Selbstbedienung *V. Vincenzo Monti 32, Tel. 02/43 52 63, Sa-Abend, So und im Aug. geschl., Kategorie 2–3* (B 9)

Julep's
Ort der Kontraste: hohe Backsteinwände, die Tische mit Damastdecken und Silber gedeckt, Models, Film- und Presseleute als Stammgäste. Mexikanische Küche. Spezialität: hummergefülltes Steak. *V. Torricelli 21, Tel. 02/89 40 90 29, Sa geschl., Kategorie 2* (O)

Osteria del Binari
Altmailänder Lokal von nobler Boheme. Umrahmt sind die Tische von Bücherregalen und Pflanzen. Nicht nur die *panzerotti alla vicentina* (mit Ricotta und Spinat gratinierte Teigröllchen) sind ein Genuß. *V. Tortona 1, Tel. 02/89 40 67 53, So geschl., Kategorie 2* (O)

La Piola
Specialità lombarde sind hier verheißen. Man genießt den preisgünstigen Mittagstisch mit *milanesi. Viale Abruzzi 23, Tel. 02/22 52 71, So geschl., Kategorie 3* (O)

Publico
Im Brera-Viertel. Dunkelrote Vorhänge, kleine Tische. Menüauswahl auf Carpaccio- und Salatbasis, Schwertfisch und Pasta. Hier verkehrt viel Modeprominenz, am Abend kommt der DJ. *V. S. Marco 13, Tel. 02/6 55 55 87, So geschl., Kategorie 1–2* (E 8)

Ristorante Piemontese
Trattoria nahe der Universität in einem ehemaligen Haus der Hausbesetzerszene. Lockere Atmosphäre, erfreuliche Preise. *V. Laghetto 12, Tel. 02/78 46 18, So geschl., Kategorie 3* (F 11)

La Scaletta
Über die Preise schweigt man lieber, man geht ja auch nicht jeden Tag hin. Aber die Küche der Signora Pina Bellini haben noch alle gelobt, die sich hier verwöhnen ließen. Mailands kleiner, aber feiner kulinarischer Tempel rangiert unter den besten Restaurants von ganz Italien. *Piazzale Stazione di Porta Genova 3, Tel. 02/58 10 02 90, So, Mo und im Aug. geschl., Kategorie 1* (O)

Spaghetteria Enoteca
30 verschiedene Saucen zu den Spaghetti. Die wahrscheinlich ausgefallenste trägt den Namen Cousteau und ist mit Spinat, Käse und Curaçaolikör angereichert! Fünf Spaghetti-Kostproben zum günstigen Preis. *V. Solferino 3, Tel. 02/86 46 20 20, Mo und tgl. mittags geschl., Kategorie 3* (E 8)

Via Marsala Ristorante
Bunte Plakate an den Wänden, frische Salate auf den Tischen. Zivile Preise bei freundlicher Bedienung. *V. Marsala 1, Tel. 02/6 55 52 01, Sa-Mittag und Mi geschl., Kategorie 2* (E 8)

Vicolo 2
Hellgrüne Neueröffnung beim Palazzo di Brera mit jungem Personal. *V. Fiori Chiari 25, Tel. 02/8 69 30 96, Mo geschl., Kategorie 2* (D–E 8)

CAFÉS UND EISDIELEN

Caffè Cova
In diesem 1841 eröffneten, nach einem Konditor Napoleons be-

nannten Kaffeehaus finden sich Reiche und Schöne nach Einkauf oder Bummel im Goldenen Dreieck zu Tee und Sachertorte ein. *V. Monte Napoleone 8, So geschl.* (F–G 9)

Gelateria Ecologia
Beliebt vor allem bei jungen Mailändern wegen phantasievoller, hübsch drapierter Öko-Eiskreationen. *Corso di Porta Ticinese 69* (D 12)

Radetzky Café
Schöner Ort zum Frühstücken im Künstlerviertel Brera. Nachmittags nimmt man einen Aperitif und läßt das Jungvolk vorbeiflanieren. *Corso Garibaldi 105, So geschl.* (D–E 7)

S. Ambroeus
Café im Stil der dreißiger Jahre, in dem schon beim Schauen die Ambrogiotti-Pralinen auf der Zunge zergehen. *Corso Matteotti 7* (F 10)

Viel
Gutes Eis und die vielleicht besten *frullati* Mailands: Milchmixgetränke aus Fruchteis oder Früchten mit Milch. *Foro Buonaparte 51* (D 9)

EINKAUFEN

Antiquitäten
Der heißeste Tip für Schnäppchen ist der *mercatone dell'antiquariato sui navigli* entlang des Naviglio Grande am letzten Sonntag im Monat. In den Antiquitätenläden der Innenstadt und des Viertels Sant'Ambrogio werden zwar nur Möbel mit garantiertem Echtheitszertifikat verkauft, doch die vielen Nullen auf den Preisschildchen sind für Normalverdiener eher abschreckend. Seltene, wirklich wertvolle – und sehr teure – Antiquitäten führt *Nella Longari* in der *V. Bigli 15.* (F 9)

Bioladen
Kosmetika für Haut und Haare, Parfums aus Pflanzen und getrockneten Blüten, Bienenprodukte und Essenzen, Säfte und Weine aus biologischem Anbau, Bio-Kost: All das finden Sie bei *Alimentari Naturali* in der *V. Appiani 15.* (F 7)

Briefmarken
Tausch und Verkauf am So in der *V. Armorari* (E 10), der *V. Cesare Cantù* (O) und im *Passaggio Centrale* (E 10).

Bücher
Hoepli, Italiens größte Buchhandlung, ist in Schweizer Händen. Sie finden sie in der *V. Hoepli 5.* (F 10) *Il Polifilo (V. Borgonuovo 3)* ist ein Antiquariat mit Beständen aus aufgelösten Bibliotheken des 18. Jhs. (F 9) Ein Hort schöner Kunstbücher ist *Centro Domus* in der *V. G. Pisoni.* (F 9)

Design
Emporio (V. Prina 11) hat eine riesige Auswahl an Designerware. (O) Lampen, Möbel und Objekte zu vernünftigen Preisen führt *Shed* im *Viale Umbria 42.* (O) Lombardisches Design für Wohn- und Eßzimmer, Bad und Küche gibt es unter anderem bei *Arflex* in der *V. Durini 28* (G 10), ein paar Häuser weiter bei *Cassina* in der *Nummer 18* (G 10), im *Corso Monforte 38* bei *Disegno* (G 9–10), natürlich im Goldenen Dreieck *(V. Monte Napoleone 3)* bei

Fontana Arte (F 9), bei *Mobilia* in der *V. Manzoni 30* (F 9), in der *V. Hoepli 30* bei *Arc Linae* (F 10) oder bei *Castoldi* im *Corso Matteotti 22* (F 9–10).

Dessous

Dessous ohne Ende, auch für Männer, bei *Diva, V. Archimede 59.* (I 10)

Feinkost

Vielleicht der berühmteste ist *Peck, V. Spadari 9.* (E 10) *Parini* ist eine Fundgrube für ausgefallene Süßigkeiten, Speisezugaben und Getränke in der *V. Borgospesso 1* (F 9), Mailands beste Wurst kaufen Sie in der *V. Monte Napoleone 12* bei *Salumaio.* (F 9)

Galerien

Zum Kaufen braucht es dicke Lirebündel, zum Sehen eine ästhetische Rangliste. In Mailand eröffnen ständig neue Galerien – man muß wissen, was man sehen möchte. Hier eine Auswahl. *Antichità Venezia (Corso Venezia 6)* zeigt wertvolle Bilder des 18. Jhs. (G 9). Die Großen der italienischen Malerei des 20. Jhs. – von den Futuristen über die lombardischen Landschaftsmaler bis zu den Abstrakten der siebziger Jahre – stellt die *Galleria Annunciata (V. Manzoni 46)* vor. (F 9) *Philippe Daverio (V. Monte Napoleone 6a)* (F–G 9) und *Del Naviglio (V. Manzoni 46)* haben sich neben einheimischen auch internationalen Künstlern geöffnet. (F 9) Klassische Abstrakte und Futuristen sind Mittelpunkt im *Arte Centro (V. Brera 11).* (E 9) *Bergamini (Corso Venezia 16)* gehört zu den alten und gediegenen Galerien Mailands und stellt vorwiegend Meister des 19. Jhs. aus, aber auch Vertreter der expressionistischen Richtung. (G 9) Die *Galleria Blu (V. Senato 16)* präsentiert seit 1957 Kandinsky, Klee und andere Experimentalisten. (G 9) Im *Centro Annunciata (V. Manzoni 44)* sind Surrealisten und Meister des 20. Jhs. (Picasso) zu bewundern. (F 9) Die Protagonisten der italienischen Malerei des 20. Jhs. sind in der renommierten Galerie *Gian Ferrari (V. Gesù 19)* versammelt. (F 9) Die Tochter des Galeristen, Claudia Ferrari, führt zusätzlich die *Gian Ferrari Arte Contemporanea (V. Brera 30)*, die jungen Hoffnungen eine Ausstellungsmöglichkeit bietet. (E 8–9) *Lorenzelli (V. S. Andrea 19)* hegt internationale klassische Abstrakte. (F–G 9) *Milione (V. Bigli 19)* ist eine Institution für Léger und Kandinsky. (F 9) Pop-art und Minimalart wird im *Studio Marconi (V. Tadino 15)* offeriert. (H 7) Den Avantgardisten fühlt man sich auch im *Studio Canaviello (V. Cusani 10/7)* (D 9) und bei *Christian Stein (V. Lazzareto 15)* verpflichtet. (G–H 7) Das *Studio 111 (V. Gesù 7)* wird von Vittoria Marinetti geleitet, der Tochter des Futurismusgründers, und hat Moderne an den Wänden. (F 9)

Geschenke und Kurioses

In der *V. Monte Napoleone 9* finden Sie die Geschenkfundgrube für den Mann, *Lorenzi.* (F 9) *Corso Como (Hausnr. 10)* ist ein Ramschladen mit Kuriosa und Überraschungen. (F 9) *Naja Oleari* ist vollgepackt mit zumeist überflüssigen, aber lustigen Sachen – im Künstlerviertel Brera, *V. Brera 8.* (E 9) Ein kunterbuntes Krimskrams-Angebot, besonders ergiebig für Leute, die originelle Mitbringsel suchen, hat *High Tech, P. XXV Aprile 12.* (O)

Hüte

Nur drei von zahlreichen Hutgeschäften: *Borsalino, Corso Vittorio Emanuele II 92* (F 10); *Multinelli, Corso Buenos Aires 5* (H 7); *Cabella Sud Ouest, P. S. Babila 4* (G 10).

Kinder

Babystock, V. Maestri Campionesi 17, offeriert Top-Designerware für Kinder bis zwölf. (O) *Cagnoni* im *Corso Vercelli 38* hat zwei Stockwerke voll Spielzeug. (O)

Konditorei

In Mailands ältester Konditorei, der *Pasticceria Marchesi,* wird der täglich frische Panettone nach einem mehr als 150 Jahre alten Rezept gebacken. *V. S. Maria alle Porta 13* (D 10)

Krawatten

In der *V. Pietro Verri 5* ein Krawattenpalast: *Cravatterie Nazionali* hat alles, womit sich Männer strangulieren. (F 9)

Mode

Im Viertel zwischen Via Monte Napoleone, Via della Spiga und Via S. Andrea, dem Goldenen Dreieck (»Triangolo d'Oro«), wo ein berühmter Modename den anderen verdrängt, wird nicht nur eingekauft. Das ist auch ein Pflaster für Voyeure, zum Sehen und Gesehenwerden. Wohl kaum noch irgendwo auf der Welt werden Konsumsucht, Schickeriabedürfnis, anmutige Schönheit und monströse Geschmacklosigkeit auf solch engem Raum so demonstrativ zur Schau gestellt. Alleredelste Kaschmirkostüme, atemberaubende Abendroben, jüngste Designerkreationen und »Kleinigkeiten« aus Platin und Gold sind zu besichtigen. Vermögende Principessen, Barone und Industriekapitäne geben in ein paar Sekunden Jahresgehälter lombardischer Arbeiter aus. Man muß diesen Laufsteg der Reichen, Eitlen und ihrer modehungrigen Groupies gesehen haben, um die Weisheit des Märchens zu begreifen, das erzählt, wie Kleider Leute machen. Von hier aus verstreuen die Modeimperien dieser Stadt ihre Leitbilder wie Diamanten – weltweit. Was für meisterliche Dekorationen in den Schaufenstern, welcher Aufwand um ein einziges Kostüm, eine einzige Krawatte! Wo doch die Mailänder gar nicht hinschauen. Und doch wissen sie alles über die Trends. Im Goldenen Dreieck wird nicht nur gekauft, auch gewohnt. Am schönsten ist der Gang durch die Gassen im zarten Morgenlicht, wenn alle Geschäfte noch geschlossen sind und die Häuser und Palazzi harmlos und verträumt aussehen. Apricotfarbene Häuserwände, verspielte Jugendstilfassaden, verschnörkelte Balkone mit grünem Efeu. Kaum zu glauben, daß hier jeden Tag Umsätze in Lira-Milliardenhöhe über die Marmortresen wandern.

Alberto Ferretti (V. Monte Napoleone 21) hält sich am Eingang zu seinem Tempel mit grauem Stein bedeckt. Drinnen sind die Räume ein Meer von Farben und Formen mit Ausblick auf einen schönen Innenhof. Hier werden die smarte Linie für Geschäftsfrauen, die aus dem Ferretti-Studio kommende Avantgardelinie für mutige Damen und eine Jeanskollektion präsentiert. Anna

Molinari verkauft in ihrem unkonventionell gestylten Laden *Blumarine (V. della Spiga 2)* perlenbestickte Bodys, romantische Rüschenröcke und hauchzarte Straßkleider. Hinter dem Namen *Byblos (V. Senato 35)* verbirgt sich ein britisches Designerduo, das ganz auf lässige, unkomplizierte Mode setzt: bunte Seidenjacketts für sie, witzige Baumwollstrickpullis für ihn. *Cerruti 1881 (V. G. Vittorio 8)* hat Mode für den Geschäftsmann – Understatement und nur vom Feinsten. Die Damenkollektionen sind weiblich und sexy. *Dolce & Gabbana (V. S. Andrea 10b)* gibt sich schlicht, nur die Abendgarderoben, der Muse Anna Magnani gewidmet, glitzern unverschämt. *Franco Moschino (V. S. Andrea 12)* bedient mit seinen Labels – der Couture-Kollektion, Cheap & Chic, Jeans, Taschen und Schmuck – und verrückten Kreationen – Abendkleider mit Teddybären am Kragen – junge Leute und Exzentriker. *Gianfranco Ferré (V. della Spiga 11)* ist Mailands schwergewichtiger Modezar: super sophisticated und mit präzisen Schnitten für beide Geschlechter. *Gianni Versace (V. della Spiga 4)* zielt auf die Femme fatale und nimmt für seine Abendroben Preise, die selbst seine Stammkundin Joan Collins verblüfft haben. *Itokin (V. della Spiga 2)* zeigt japanische Mode in zurückhaltendem Ambiente. *Jean-Paul Gaultier (V. della Spiga 20)* hält nichts von Zurückhaltung. Der zweistöckige Shop des Enfant terrible ist so eigenwillig wie seine Kreationen. *Luciano Soprani (V. della Spiga 19)* schenkt Frauen Träume aus Seide, Taft und Chiffon. *Michelle Mabelle (V. della Spiga 36)* provoziert die Ästhetiker mit kaputtem Schaufensterglas, rußigen Rohren, flirrenden Neonröhren und einer Mode, die selbst für Mailänder shocking ist. *Prada (V. della Spiga 1+5)* präsentiert sich im lindgrün gestrichenen Geschäft als Inbegriff von Qualität und Luxus. Seine Taschen und Schuhe führen die Hitliste der Accessoires an. (F–G 9)

Aber auch außerhalb des Goldenen Dreiecks gibt es natürlich Modegeschäfte – und zudem erschwinglicher. *Baule, V. Vetere 12,* hat verrückte Klamotten zu kleinen Preisen. (D 12) *Clara Antonini,* ein schicker Modeladen in der *V. Monte Napoleone 16*, hat einen besonderen Clou: Was nicht regulär verkauft worden ist, wird im dritten Stock zu Sonderpreisen abgesetzt. (F 9) Massenhaft Modegeschäfte wie im Goldenen Dreieck, aber mit viel günstigeren Preisen, reihen sich im *Corso Buenos Aires* aneinander. (H–I 7) Eher hochpreisige Mode für die ganze Familie führt *Enrico Coveri, V. S. Pietro all'Orto 12.* (F 9–10) *Fiorucci* ist eine nette Boutique mit Mode und allerlei Kuriosa in der *Galleria Passerella 2* am Corso Vittorio Emanuele II. (F 10) Ein Muß für alle, die sich gern in Leder oder Wildleder kleiden, ist *Piragino* in der *V. Torino 50.* (E 11) *Soldati* in der *V. Ausonio 14* bietet Designerklamotten zum halben Preis. (C 11) Jeans und Freizeitkleidung gibt es im drolligen Ambiente von *The Uniform Store* in der *V. Torino 47.*(E 11) Der *USA Shop, V. S. Maurilio 2,* lagert Berge von Secondhandkleidung und alten Accessoires. (D 11) *Vestistock* hat schicke Reste aus Edelboutiquen, jedoch nicht unbedingt günstig, *Viale Romagna 19.* (O)

Wird leicht zum Bermudadreieck für Lire-Scheine: das »Goldene Dreieck«

Möbel

In der *V. Manzoni 11* finden Sie ein extravagantes, prunkvolles Einrichtungshaus mit hocheleganten und überkandidelten Stühlen und Sitzen: *Sawaya & Moroni.* (F 9) *De Padova* hat auf mehreren Etagen im *Corso Venezia 14* Möbel in kühlem, klarem Design zu Preisen, die kauflustig machen. (G 9)

Parfümerie

In einer der schönsten Mailänder Straßen, der *V. Amedei (Nr. 11),* residiert die elegante *Profumeria Mario Galli* mit einer Riesenauswahl an nationalen und internationalen Kosmetika zu günstigen Preisen. Schöne Geschenkartikel: Seide, Badesalze, Essenzen. (E 11)

Schmuck

Ausgefallene Schmuckkreationen führt *Donatelli Pellini* in der *V. S. Maria alle Porta 13.* (D 10) *Sharra Pagano, V. della Spiga 7,* offeriert bombastischen Modeschmuck. (G 9)

Schuhe

Sie gehören zu den verführerischsten Angeboten Mailands. Bei *Alfonso Garlando, V. Madonnina 1 und 2,* sind sie nicht sündhaft teuer. (E 9)

Süßigkeiten

Die süßeste Neueröffnung der jüngsten Zeit ist *Moré.* Alle schmelzenden Versuchungen, die Piemonteser Schokoladenkünstler seit Jahrhunderten für das Königshaus Savoyen ersannen, gibt es im *Corso di Porta Ticinese 65.* (D 12)

Textilien

Mila Schön verkauft in der *V. Donizetti 1a* Restposten hochwertiger Stoffe zu erfreulich reduzierten Preisen. (H 10) Jede Art von Wäsche fürs Bett, auch maßgeschneidert, in der *V. S. Marco, Ecke V. Montebello, bei Mirabello.* (E 7) *Frette, V. Manzoni 11,* hat anspruchsvolle Heimtextilien (F 9), schöne und edle Stoffe bei *Galtrucco* an der *P. Duomo 2.* (E 10)

HOTELS

Zentrale Reservierung über *Hotel Reservation Milano, V. Palestro 24,*

20121 Milano, Tel. 02/76 00 79 78, Fax 76 00 36 32.

Alberghi Diurni
Praktische Einrichtung für Tagestouristen, die ihr Gepäck aufbewahren, sich waschen und umkleiden wollen. Die Tageshotels befinden sich in der *Stazione Centrale,* an der *Piazza Duca d'Aosta,* an der *Nordseite des Domplatzes (Cobianchi)* und an der *Piazza Oberdan (Venezia).*

Ariston
Nahe bei den *naviglie.* Ökologisches Engagement wird großgeschrieben: Das Gebäude ist aus umweltverträglichem Material gebaut, das Frühstücksbuffet offeriert biologisch angebaute Produkte aus der Lombardei, alle verwendeten Hygieneartikel sind biologisch abbaubar. *Largo Carrobbio 2, Tel. 02/ 72 00 05 56, 50 Zi., Kategorie 2* (D 11)

Auriga
Direkt am Hauptbahnhof und jüngst vollständig renoviert, bietet sich das Haus als moderne, zweckmäßige Herberge an. *V. Pirelli 7, Tel. 02/66 98 58 51, Fax 66 98 06 98, 65 Zi., Kategorie 2* (O)

Biscione
Altes Haus in kleiner, ruhiger Seitenstraße in der Nähe des Doms, mit hauseigener Diskothek und Einrichtung der sechziger Jahre. *V. S. Maria Fulcorina 15, Tel. 02/87 98 67, Fax 8 05 68 25, 38 Zi., Kategorie 2* (D 10)

Canada
Praktisches Hotel am Rande der Innenstadt. *V. S. Sofia 16, Tel. 02/58 30 48 44, Fax 58 30 02 82, 35 Zi., Kategorie 2* (E–F 12)

Dei Cavalieri
Liegt fast im Schatten des Domes, eigene Garage und viele Gäste aus Fernost *P. Missori 1, Tel. 02/88 57, Fax 72 02 16 83, 177 Zi., Kategorie 1* (E 11)

Centro
Die Fassade des Innenstadthotels erinnert zwar eher an eine Behördenschachtel, aber das Innere ist erfreulich hell und voller Blumen. *V. Broletto 46, Tel. 02/ 8 69 28 21, Fax 87 55 78, 54 Zi., Kategorie 2* (E 10)

Duca di Milano
Von Aldo Rossi renoviertes Haus, hinter dessen unauffälliger Fassade sich klassisch englisches Interieur versteckt. Prächtige Stoffe mit dezenten Blumen und Streifenmustern ganz im britischen Landhausstil. *P. della Repubblica 13, Tel. 02/62 84, 90 Junior-Suiten, Kategorie 1* (G 7)

Four Seasons
Neuestes Luxushotel in einem ehemaligen Kloster des 15. Jhs. im Goldenen Dreieck. Marmor, Säulengänge, restaurierte Fresken, ein begrünter Innenhof. *V. Gesù 8, Tel. 02/79 69 76, 98 Suiten und Zi., Kategorie 1* (F 9)

Gran Duca di York
Blecherne Ritterrüstungen und Blümchentapeten in den meterhohen Räumen. *V. Moneta 1a, Tel. 02/87 48 63, Fax 8 69 03 44, 33 Zi., Kategorie 2* (E 10)

King
Altes Haus im historischen Stadtkern, plüschig und gemütlich. *Corso Magenta 19, Tel. 02/87 44 32, Fax 89 01 07 98, 48 Zi., Kategorie 2* (C–D 10)

Mentana
Noch ein Geheimtip. Hotel an kleinstädtischer Piazza, drei Minuten vom Dom entfernt. *V. Morigi 2, Tel. 02/86 45 42 55, 32 Zi., Kategorie 1–2* (D 10)

Montebianco
Ein Landhaus mitten in der Stadt, in dem man preiswert unterkommt. *V. Monte Rosa 90, Tel. 02/48 01 23 61, Fax 48 00 06 58, 22 Zi., Kategorie 2* (O)

Palace
Neu gestaltetes, altes Grandhotel der Luxusklasse (Zimmer ab 560 000 Lit) mit raffinierten Säulengängen, geräumigen Zimmern und allem erdenklichen Komfort. Viel helles Holz und pastellfarbene Stoffe. Diskreter Service alter Schule. *P. della Repubblica 20, Tel. 02/63 36, Fax 65 44 85, 13 Suiten, 194 Zi., Kategorie 1* (G 7)

Palazzo delle Stelline
★ Im historischen Zentrum, wo sich Kunst und Geschichte vereinen und Leonardo da Vinci in seinen Mailänder Jahren wohnte. *Corso Magenta 61, Tel. 02/4 81 84 31, Fax 48 19 42 81, 103 Zi., Kategorie 2* (C 10)

Principe di Savoia
Das 1927 eröffnete Grandhotel wurde 1992 komplett geliftet und gibt sich seitdem als Palast im Stil der Mailänder Jahrhundertwende mit farbigen Marmorböden, handbemalten Freskodecken, Kristallüstern und erlesenen Antiquitäten. Entsprechend sind auch die Preise: ab 580 000 Lit. *P. della Repubblica 17, Tel. 02/62 30, Fax 6 59 58 38, 46 Suiten, 297 Zi., Kategorie 1* (G 7)

Residence la Darsena
Das Haus, dessen Zimmer im Hinterhof über Holztreppen zu erreichen sind, liegt in unmittelbarer Nähe des »Superstudios«, des größten Fotostudios Europas. Models sind Dauergäste. *V. Vigevano 13, Tel. 02/8 32 36 41, 75 Zi., Kategorie 2* (O)

San Carlo
Quadratisch, praktisch, gut. *V. Napo Torriani 28, Tel. 02/6 69 29 37, Fax 6 70 31 16, 75 Zi., Kategorie 2* (O)

Spadari
Eine der kleinsten und feinsten Herbergen in Toplage beim Dom. *V. Spadari 11, Tel. 02/72 00 23 71, Fax 86 11 84, 38 Zi., Kategorie 1* (E 10)

Tris
Pension an der Zentrumsperipherie, von Vater und Sohn geführt. Nicht chic, aber praktisch und preiswert. *V. Sirtori 26, Tel. und Fax 02/29 40 06 74, 8 Zi., Kategorie 3* (H 8)

Windsor
Schlichte Fassade, dahinter effizienter Hotelbetrieb, wie ihn vor allem Geschäftsleute lieben. *V. Galileo Galilei 2, Tel. 02/63 46, Fax 6 59 06 63, 7 Suiten, 118 Zi., Kategorie 1–2* (O)

JUGENDHERBERGE

Ostello Piero Rotta
Akzeptable Einrichtungen, Anmeldung 7–9 und ab 17 Uhr. Vom Dom mit Metro 1 bis Station QT 8, dann noch wenige Minuten zu Fuß. 20 000 Lit mit Frühstück, Mitternacht Schließzeit. *V. Martino Bassi 2, Tel. und Fax*

02/39 26 70 95, Ende Dez. bis Mitte Jan. geschl. (O)

CAMPING

Città di Milano
1989 eröffneter Platz im Westen der Stadt mit guten Einrichtungen. Metro 1 Richtung Bisceglie bis zur Station De Angeli, von dort Bus 72 bis V. Trivulzio, 25 000 Lit. *V. G. Airaghi 61, Tel. 02/48 20 29 93 oder 48 20 01 38, 16. Dez. bis 14. März geschl.* (O)

SPORT

Centro Sportivo Lido
Große Anlage mit Einrichtungen für Gymnastik, Rollschuhlauf, Karate, Ballsportarten und zwei großen Freibädern. *Piazzale Lotto 15 (Metro 1 Richtung Molino Dorino, Station Piazzale Lotto), Tel. 02/33 00 26 79* (O)

Centro Sportivo Saini
Das bekannteste und bestausgestattete Sportzentrum Mailands. Tennis, Gymnastik, eine Kunstbahn für Sommer-Langlauf, Schlittschuhbahnen im Winter (mit Schlittschuh-Verleih), Leichtathletik, verschiedene Felder für Ballsportarten, Hallen- und Freibäder. *V. Cimabue 24 (Metro 1 Richtung Molino Dorino, Station QT 8), Tel. 02/33 00 04 94* (O)

Parco Forlanini
In der Nähe des Flughafens gelegen, schließt der Park ein großes Sportzentrum ein und ist ideal zum Walken und Joggen. *Viale Forlanini (Bus 38)* (O)

Reiten
Eine der besten Reitschulen Italiens ist das *Centro Ippico Brianteo (V. Gerbino 35 in Birago di Lentate sul Seveso, Tel. 03 62/56 08 46).* Ausritte in schöner Umgebung in der Nähe Mailands. (C 4) Das vielleicht bekannteste Reitzentrum Italiens ist *Centro Ippico Lombardo (V. Fetonte 21, Metro 1 Richtung Molino Dorino, Station QT 8 oder Lampugnano, Tel. 02/4 08 42 70.* (C 4) An den Parco di Monza grenzt die Reitschule *Centro Ippico Monzese (V. Toti in Villasanta, Tel. 0 39/30 21 86).* (D 4)

Skorpion Center
Fitneßclub mit großem Plus: Eintrittskarten gibt es schon für einen Tag, das übliche Monatsabonnement entfällt somit. In voluminösen Räumlichkeiten werden verschiedene Fitneßarten angeboten, es gibt viele Geräte, eine Sauna, ein türkisches Bad, Schwimmbad und Liegestühle auf der Dachterrasse. *Corso Vittorio Emanuele II 24 (in der Galleria), Tel. 02/78 14 24* (E 10)

Stadio Giuseppe Meazza
An dem nach einem früheren Mailänder Fußballer benannten Stadion scheiden sich die Geister: Den einen die schönste Arena der Welt, ist sie den anderen eine allzu nüchterne Konstruktion. Nach mehreren Umbauten finden hier 85 000 Zuschauer Platz. Die beiden Mailänder Spitzenclubs (Inter und AC Milan) wechseln bei Heimspielen einander ab. Nur wer die Show eines Fußballspieles in diesem von Rauchraketen, Fahnen und Fanfaren überschwemmten Kessel erlebt hat, weiß, daß männlichen Lombarden kaum etwas über Fußball geht. *V. Piccolomini 5, Tel. 02/48 79 81, Eintrittspreise 20 000 bis 200 000 Lit* (O)

AM ABEND

Der Eintritt in die Diskotheken liegt, inklusive eines Drinks, kaum unter 30 000 Lit. Die Preise für Drinks sind alle etwa gleich hoch, um 15 000 Lit. Von HipHop über Rock bis Jazz wird alles gehört, auch die einfache Disko-Mucke ist beliebt. Am meisten aber kommt bei den Schmalzsongs à la Eros Ramazotti Stimmung auf. Merke: Die Lombarden sind eben auch Italiener, und Romantik gehört einfach dazu.

Alfredo

Legendäres Lokal (nicht nur) für Midnight-Dinner, dessen Wirt eine lokale Größe Mailands ist. *V. Borghese 14, 19–3 Uhr, So geschl.* (O)

Amnesie

Wo Modemacher abrocken und Aufsteiger-Models auf ihre Entdeckung hoffen. *V. Cellini 2, 23 bis 3 Uhr, Mo geschl.* (I 9)

Angelicum

Von der Stadt unterhaltenes Konzerthaus mit eigenem Symphonieorchester. Gezeigt werden auch Filme in Originalsprache. *P. S. Angelo, Tel. 02/6 59 27 48* (F 7)

ATM

Früher trafen sich hier die Busfahrer an der Stazione Auto Trasporti Milano. Jetzt ist die Location neonrot ausgeleuchtet, und an der langen, gläsernen Theke stehen coole Leute, die Wert darauf legen, trendy zu erscheinen. *P. Lega Lombarda/V. Moscova, 19.30–4 Uhr, Mo geschl.* (D 7)

Bar Magenta

Der große Jugendstil-Barraum war einst ein legendärer Treffpunkt studentenbewegter Mailänder, heute ist er Tummelplatz der Schickeria. *V. Carducci 13, 11 bis 2 Uhr, Mo geschl.* (C 10)

Calimerius

Ort zum ungestörten Händchenhalten für Verliebte. Klaviermusik und Cocktails. *V. S. Calimero 3, 18–3 Uhr, So geschl.* (F 12)

Il Camparino

1867 eröffnete Jugendstilbar in der Luxuspassage zwischen Domplatz und Scala. Hier erfand Davide Campari das berühmte gleichnamige Getränk. *Galleria Vittorio Emanuele II, tgl. 7.30–20.30 Uhr* (E 10)

Capolinea

Italiens bester Jazz-Platz liegt, wie es der Name sagt, an der Endstation der Trambahn 15. Hier treten nationale und internationale Größen auf. *V. Lodovico il Moro 119, 20–2.30 Uhr, Mo geschl.* (O)

Centrale 1 e 2

Großes Kino mit allen Debütfilmen. *V. Torino 30* (E 11)

City Square

Um 20 Uhr werden die Tore einer der größten Diskos Mailands geöffnet. Im Art-déco-Rahmen und auf drei Etagen heizt der Sound die Besucher auf. Am meisten los ist Dienstag und Donnerstag, denn am Montag beginnt die Woche mit guten Vorsätzen, Mittwoch ist Kinonacht, und am Freitag muß der Wochenendtrip vorbereitet werden. *V. Castelbarco 11/13, 20–3 Uhr, Mo geschl.* (O)

Civica Scuola di Musica
In der städtischen Musikschule liebt man zeitgenössische Klänge. *V. Stilicone 36, Tel. 02/58 30 31 22* (O)

Al Fuori Porta Café
Junge, fesche Leute, mit der Vespa oder dem Cabrio vorgefahren, hocken hinter schönen Aperitifs, der Milanesen liebstem Getränk. Dem flüssigen Appetitanreger wird nirgendwo auf der Welt so viel Aufmerksamkeit zuteil wie in Mailand. Neben Campari kreieren die Barkeeper ganz individuelle Appetizer. Hier läßt sich studieren, daß sich mit den bunten Drinks leichter eine *ragazza* oder ein *ragazzo* anlachen läßt. *Viale Pasubio 6, 17–2 Uhr, So geschl.* (O)

Momus
Live-Musik in Brera. Bareleganz des gehobenen Stils. Reservierung wird empfohlen. *V. Fiori Chiari 8, Tel. 02/8 05 62 27, 20 bis 2 Uhr, So geschl.* (E 8)

Palashow
Große Disko, geräumiger Visitationsplatz für Annäherungswillige. *V. di Vittorio Metropol 2, 22 bis 3 Uhr, So, Di und Mi geschl.* (O)

Piccolo Teatro
Avantgardistisches Theater, inszeniert von Giorgio Strehler, Italiens renommiertestem Theatermacher. *V. Rovello 2, Tel. 02/87 76 63* (D 9)

Piedra del Sol
Scharfe Snacks, Riesenauswahl an Cocktails. In der *cafeteria latina* bringen sich Szenegänger in Stimmung, bevor sie auf die Piste ziehen. *V. Cornalia 2, 18–2 Uhr, Mo geschl.* (O)

Plastic
Mailands schrägste Disko mit exotisch-gemischtem Publikum. *Viale Umbria 120, 23–3 Uhr, Mo und Mi geschl.* (O)

Portnoy
Das *café letterario* zieht zu Lesungen und Diskussionen Journalisten und Newcomer der schreibenden Zunft. *V. de Amicis 1, 19 bis 2 Uhr, So geschl.* (C 11)

Teatro alla Scala
Für das berühmteste Opern-, Konzert- und Balletthaus der Welt Karten zu ergattern gleicht einem Lottogewinn und ist jeden Versuch wert. *P. Scala, Kasse: V. Filodrammatici 2, Tel. 02/72 00 37 44* (E 9)

Teatro Studio
Unkonventionelle Theatervorführungen. *V. Fossati* (O)

Top Town
Mädchen aller Hautfarben mit einem Varietéprogramm, die sich zu fortgeschrittener Stunde ihrer Glitzerkostüme entledigen. *V. Paolo da Cannobio 5, 22–4 Uhr, So geschl.* (E–F 11)

Williams
Ältester Nachtclub der Stadt: Musiker, Magier und Stripperinnen. *Foro Buonaparte 71, 21–3 Uhr* (D 9)

AUSKUNFT

APT
Palazzo del Turismo, V. Marconi 1/P. del Duomo, Tel. 02/80 96 62, Fax 72 02 24 32, April bis Sept. Mo–Sa 8–20, So 9–12.30 und 13.30 bis 17 Uhr; Okt. bis März Mo–Fr 8.45 bis 12.30 und 13.30–18, Sa 9–12.30 und 13–17 Uhr

Ufficio Informazioni
Im Aeroporto Forlanini (Linate), Untergeschoß arrivi (Ankunft), Tel. 02/ 74 40 65, tgl. 9–12.30 und 14 bis 18 Uhr

ZIELE IN DER UMGEBUNG

Monza

Die 15 km nördlich von Mailand gelegene Stadt (125 000 Ew.) verschmilzt immer mehr mit der Metropole. Bekannt ist sie durch die hier stattfindenden Autorennen geworden. Für die Lombarden ist Monza historisch bedeutsam. Der *Dom* aus dem 14. Jh. erhebt sich auf einem 800 Jahre älteren Fundament, in einer Seitenkapelle wird die *Eiserne Krone* der Langobarden aufbewahrt. Angeblich enthält sie einen Nagel vom Kreuz Christi. Seit Karl dem Großen wurde an dieser Stelle den Kaisern des Heiligen Römischen Reiches die Krone aufs Haupt gesetzt. Sehenswert ist die prall gefüllte Schatzkammer des *Museo Serpero* im Dom *(V. Canonica 8, Di–Sa 9–11.30 und 15–17.30, So 10.30–12 und 15 bis 18 Uhr, 6000 Lit).* Handschriften, Kirchengeräte und Schmuckstücke sind zu besichtigen, u. a. die berühmte Henne mit sieben Küken. Im romantischen, 800 Hektar großen Park steht das neoklassizistische *Schloß*, das die früheren österreichischen Statthalter errichten ließen. Der *Park der Villa Reale* mit Golf- und Poloplätzen und einer Galopprennbahn ist ein beliebtes Wochenendziel der Mailänder *(Nahverkehrszüge von den Bahnhöfen Milano Centrale* oder *Milano Garibaldi). Camping* im Park von Monza, *Tel. 039/38 77 71, April bis Sept.* (D 4)

Parco dell'Idroscalo

Der 2,5 km lange, 1920 künstlich angelegte See diente zunächst Wasserflugzeugen als Landepiste. Inzwischen hat sich um das Gewässer herum ein Freizeitzentrum mit Schwimmbädern, Tennisplätzen und Gastronomie etabliert. *Viale Idroscalo (Direktbus von der P. Cinque Giornate)* (D 5)

Die klassizistische Villa Reale, das Schmuckstück des Schloßparks in Monza

Mittelalterliches Gassengewirr und ein träger Fluß

Die Kaiserstadt ist eingebettet in eine bäuerliche Landschaft voller Reisfelder

Der Po, der auf den Landkarten als machtvoller Strom eingezeichnet ist – immerhin verschluckt er Myriaden von Sturzbächen aus den Alpen und dem nördlichen Apennin und ist 676 km lang –, entpuppt sich als breites Flußbett mit träger Wasserströmung und einigen abgestandenen Teichen voller Sumpfblumen. Doch seine Existenz hat die Ebene immer fruchtbar gehalten, so daß hier bedeutsame Herzogtümer entstanden.

PAVIA

Die Provinzhauptstadt Pavia (85 000 Ew.) im Südwesten der Lombardei liegt dort, wo der Ticino in den Po einmündet. Im 1. Jh. v. Chr. gründeten die Römer die Militärsiedlung Ticinum, die während der Völkerwanderung Residenzstadt der Ostgoten und dann – gemeinsam mit Monza – Regierungssitz der Langobarden wurde. 774 eroberte Karl der Große Pavia, das unter den Frankenkönigen Hauptstadt des Regnum Italicum war. Mehrere deutsche Herrscher wurden hier im Mittelalter zu Königen von Italien gekrönt. Im 13. Jh. war Pavia unabhängiger Stadtstaat, 1359 unterwarfen die Visconti die Stadt. In dieser Periode entstanden viele der kulturhistorisch wertvollen Bauten. 1525 eroberte Karl V. die Provinz, im Erbfolgekrieg fiel sie an die Habsburger.

Es fällt schwer, sich in Pavia zurechtzufinden. Keine Stadt der Lombardei ist stärker vom Mittelalter geprägt, noch immer gibt es mehr Gassen als Straßen. Nur die breite Strada Nuova, die das Kastell der Visconti mit der Ticino-Brücke verbindet, erlaubt orientierende Durchblicke. Türme hat es in der »Stadt der hundert Türme«, wie Pavia im Mittelalter hieß, immer in Fülle gegeben. Adlige Familien ließen

Geldmangel bestimmte schon vor 500 Jahren den Fortschritt von Bauvorhaben: die Certosa di Pavia

sie errichten, wenn ein Sohn geboren war. Überreste der Geschlechtertürme sind noch überall zu entdecken. Wer lange genug über das holprige Pflaster läuft, entdeckt den Reiz der Gassen mit den darin versteckten Geschäften und macht die Beobachtung, daß die alte Stadt von jungen Leuten belebt ist: Pavia ist seit mehr als 500 Jahren Universitätsstadt, eine der ältesten ganz Europas. (C 6)

BESICHTIGUNGEN

Castello Visconteo

Das mächtige Kastell, dessen rote Backsteinmauern sich kräftig aus dem Grün der Parkanlagen herausheben, ist der bedeutendste lombardische Schloßbau des 14. Jhs. Von der ursprünglichen Vierflügelanlage mit vier Ecktürmen sind nur noch Teile erhalten. Der Nordflügel mit der reichsten Freskenausstattung wurde bei Belagerungen verwüstet. Anmutig ist der Innenhof mit seinen Arkaden und Loggien – er macht die wehrhafte Burg zum Palast.

S. Pietro in Ciel d'Oro

In der romanischen Hauptkirche der Stadt fand Augustinus, einer der einflußreichsten Kirchenväter, seine letzte Ruhestätte. Die Reliefs des vielfigurigen Grabmals von Balduccio (1362) schildern das Leben des Bischofs von Hippo Regius, der 430 bei der Belagerung seiner Stadt durch die Vandalen ums Leben kam. Der heutige Bau entstand auf einer Vorgängerkirche zwischen 1120 und 1200. Die Fassade in warmem Backsteinmauernrot ist streng gegliedert, die Dekorscheiben sind aus Lüsterkeramik, in der Südapsis sind noch Reste eines Fußbodenmosaiks aus dem 12. Jh. zu sehen. Viele Besucher versäumen das Schönste in der Kirche mit dem Beinamen »im goldenen Himmel«: die Sakristei. Ihre Decke ist 1561 in manieristischem Stil wunderbar ornamental ausgemalt worden.

Universität

🚶 Sie sind zu beneiden, die jungen Frauen und Männer, die in diesem großzügigen Bau, dessen Anfänge im 14. Jh. liegen – der Gründungszeit der Universität –, ihre Vorlesungen hören. Durch grundlegende Umbauten erhielt die Anlage im späten 18. Jh. ihre klassizistische Gesamterscheinung. Einige Bauten sind Hinterlassenschaften von Österreichs Kaiserin Maria Theresia, die den Wiener Leopold Pollak nach Pavia rief. Dessen Höfe mit den schönen Arkadengängen, in warmem Ockerton gehalten, sind besonders anziehend. Statuen und Büsten stellen die großen Lehrer der Vergangenheit dar.

MUSEUM

Museo Civico

Im Kastell am nördlichen Rand des heutigen Stadtkerns ist die anschauenswerte *Pinacoteca Malaspina* mit Werken vor allem lombardischer Meister wie Foppa und Bergognone untergebracht. *P. Castello, Di–So 9 bis 13.15 Uhr, 6000 Lit*

RESTAURANTS

Capri

🚶 Preiswerte Pizzeria voller Jungvolk und guter Stimmung. *Corso Cavour 32, Kategorie 3*

MARCO POLO TIPS FÜR PAVIA UND DEN SÜDWESTEN

1 Certosa di Pavia
Majestätische Mönchsburg mit ökologischem Nutzen (Seite 79)

2 Piazza Ducale in Vigevano
Der früheste Platz der italienischen Renaissance (Seite 81)

Al Cassinino
Schmackhafte regionale Küche mit Pfiff am Stadtrand von Pavia. *V. Cassinino 1, Tel. 03 82/ 42 20 97, Mi und im Aug. geschl., Kategorie 1*

Locanda Vecchia Pavia
Das anspruchsvollste Restaurant der Stadt, an der Rückseite des Doms, mit einem kulinarisch ambitionierten Küchenchef. *V. Cardinal Riboldi 2, Tel. 03 82/ 30 41 32, Kategorie 1*

Vecchio Mulino
Da lacht die Weinnase. Im Hof des Traditionsrestaurants bei der Certosa wird ein vorzüglicher lombardischer Wein ausgeschenkt. *V. del Monumento 5, Certosa di Pavia, Tel. 03 82/92 58 94, So-Abend und Mo geschl., Kategorie 1–2*

HOTELS

Ariston
Angenehme Unterkunft in zentraler Lage. *V. A. Scopoli 10d, Tel. 03 82/34 33 45, Fax 2 56 67, 60 Zi., Kategorie 3*

Canon d'Oro
Mitten in der Altstadt gelegen, gut geführt. *Strada Nuova 7, Tel. 03 82/2 10 93, 32 Zi., Kategorie 2*

Excelsior
Alteingesessenes Haus mit Mittelklasseniveau. *Piazzale Stazione 25, Tel. 03 82/2 85 96, 55 Zi., Kategorie 2–3*

Palace
Der Name erscheint zu gewagt. Aber ordentlicher Service. *Viale della Libertà 89, Tel. 03 82/2 74 41, 50 Zi., Kategorie 2*

AM ABEND

Diskothek Docking
Diskomusik mit Anmache, sehr laut. *V. Rezia 42*

Diskothek Matisse
Hier wird palavert, sich tief in die Augen geschaut und getanzt. *V. Gravos 1*

AUSKUNFT

APT
V. F. Filzi 2, Tel. 03 82/80 96 62, Fax 72 02 24 32

ZIELE IN DER UMGEBUNG

Certosa di Pavia
★ 10 km nördlich von Pavia erhebt sich in sumpfiger Landschaft die majestätische Klosteranlage, die zu den berühmtesten Bauwerken Norditaliens zählt. Das Bauwerk

ist nicht der vollkommene Wurf eines großen Bauherrn, sondern entstand aus Geldmangel als Stückwerk. Man sieht ihm an, daß es als Kolossalbau geplant worden war, aber als solcher nicht vollendet werden konnte. Die Kartäuser, ein ausschließlich dem Gebet verschriebener Mönchsorden, sollten hier nach dem Willen des Stifters Glück und Segen für ihn und seine Herrschaft erflehen. Gian Galeazzo Visconti, Herzog von Mailand und Graf von Pavia, wollte mit dem Kloster seiner Dynastie Prestige und Ehre und vor allem eine außergewöhnliche Grabstätte verschaffen. Die Grundsteinlegung war 1396, als der Visconti 1402 starb, waren gerade die Fundamente fertig. Genutzt wurden Teile des Kirchenbaus erst ab 1460, geweiht wurde das Gotteshaus 1497. Dennoch ist der Bau der Anlage unter landschaftlichen Gesichtspunkten eine außerordentliche Leistung für die Po-Ebene, denn das morastige Land mußte mühsam trockengelegt, Kanäle mußten erbaut, Drainagen geschaffen und Rieselfelder angelegt werden. An der Attraktion der Kartäuser-Herberge, der *Marmorfassade* mit ihren überreichen kleinteiligen, dekorativen Details, wurde bis ins 17. Jh. gebaut. Sie stellt den Triumph des Christentums über die heidnische Welt dar. Im Innern ist die Kirche streng und monumental gehalten, der aufwendige äußere Schmuckreichtum fehlt. In den beiden *Kreuzgängen* südlich der Kirche sind Zellen der Kartäusermönche zu besichtigen. *Mai bis Aug. Di–So 9–11.30 und 14.30 bis 18 Uhr, März/April und Sept. bis Feb. Di–So 9–11.30 und 14.30 bis 17 Uhr, kein Eintritt, Spende erbeten.* Ein ungewöhnliches Souvenir ist »Gra Car«, der Likör der Kartause von Pavia, der in der *Vecchia Farmacia della Certosa (Viale Certosa 42)* verkauft wird. (C 5)

Fugazza

Ein Weingut am Rand der Provinz Pavia, das in der wärmeren Jahreszeit einlädt zu Ferien in privater Atmosphäre – Verköstigung inklusive. Von der sanft ocker getünchten *azienda agricola* reicht der Blick über die milde Hügellandschaft des Oltrepò Pavese. Genau das richtige für Individualisten, die sich nicht vor Tagen im Gleichmaß fürchten und darauf vertrauen können, daß Weiß- und Rotweine für tiefen Schlaf sorgen. *Azienda agricola Fugazza, Luzzano, 27040 Rovescala, Tel. 05 23/86 47 86. Der Preis für die zwei einfachen Apartments liegt bei 45 000 Lit.* (D 6)

Lomellina

Die »wellenlose Ebene« des Po ist keine Gegend für Touristen, die auf rasche Abwechslung aus sind – und deshalb eine Entdeckung. Es ist das sich weithin erstreckende Land der schimmernden Horizonte, der unheimlichen Nebel (im Winter), der langen, gleichmäßigen, von Menschen angelegten Reihen von Pappeln, versprengter Dörfer, großer Gehöfte und stattlicher Herden von Schafen und Rindern. Das archetypische, bäuerliche Italien, zu dessen Erkundung man Zeit haben muß – und keine Angst vor Einsamkeit. Weil im Sommer Legionen von Mücken die Lomellina heimsuchen, sind Frühjahr und Herbst die besten Besuchszeiten. Wan-

Die ellipsenförmige Piazza Ducale in Vigevano mit ihren Arkadengängen

derer, Fahrradfahrer und Reiter durchstreifen die Landschaft auf die angemessenste Weise, vor allem im Frühjahr, wenn die Reisfelder geflutet sind und die Lomellina als eine einzige Seenlandschaft erscheint. Der Reis ist das Schicksal dieser Region, seitdem Bauern im 15. Jh. in der Nähe von Pavia mit dem aus Spanien eingeführten Reiskorn zu experimentieren begannen. Knapp eine Million Tonnen höchster Qualitätsreissorten werden hier jährlich geerntet, nach der Provinz Vercelli im Piemont ist die Lomellina die zweitgrößte Reisanbaufläche Italiens. (B 5–6)

Vigevano

Die ★ *Piazza Ducale* ist der früheste Platz der italienischen Renaissance und einer der schönsten im Lande. Die an drei Seiten umlaufenden Arkadengänge verleihen ihm Intimität und machen den Aufenthalt auf der 138 x 48 m großen Piazza gemütlich. Die an der offenen Schmalseite emporwachsende, vorgeblendete Barockfassade des *Domes* ist monumental. Die Frontseiten sind in warmes Ocker gehüllt und ornamental reich verziert, lustige Kamine beleben die Dächer. Ansonsten ist die kleine Stadt (65 000 Ew.), Zentrum der lombardischen Schuhindustrie, ein uneinheitliches Konglomerat. Wer günstig Schuhe kaufen will, kann das an der Straße Richtung Mortara tun, wo es mehrere Fabriken mit Verkaufsräumen gibt. Im *Museo Civico/Museo della Calzatura* gibt es eine Abteilung, in der die mittelständische Schuhindustrie und ihre Tradition dargestellt sind *(Corso Cavour 82, Sa 14.30 bis 18.30, So 10.30–12.30 und 14.30 bis 19 Uhr, sonst nach Voranmeldung, Tel. 03 81/69 03 70 (auch englisch), 4000 Lit)*. Im *Ristorante I Castagni (V. Ottobiano, So-Abend und Mo geschl., Kategorie 2)* gibt es vorzügliche *risotti*. Übernachten kann man im *Nuovo Hotel (Tel. 03 81/8 61 33, Fax 31 18 87, 14 Zi., Kategorie 3)*. (C 5)

Sinnenfroher Süden

Im Herzen der Po-Ebene ist die Renaissance allgegenwärtig

Alle Bewohner der Region vereint die Klage gegen den Nebel, der hauptsächlich im Herbst und Winter als Dauerschleier über dem Land hängt. Die Farben des Südostens kennen viele graue Abstufungen. Trotzdem war das Gebiet schon in der Bronze- und Steinzeit besiedelt, um 220 v. Chr. übernahmen die Römer die Macht, und später kamen alle eroberungslüsternen Völker: Westgoten, Hunnen, Langobarden, Franken, Guelfen, Ghibellinen. 1328 begann mit Luigi Gonzaga die drei Jahrhunderte währende Herrschaft eines Geschlechts, das zu den historisch bedeutsamsten Italiens gehört: die Gonzaga. Ihr Hof war nicht nur ein bedeutendes politisches Zentrum in ihrer Epoche, sondern auch ein Sammelpunkt der größten italienischen Künstler.

MANTUA/MANTOVA

Mantua hat etwas Leichtes. Es würzt die Luft, geistert durch die Straßen, schwebt in den schimmernden *campanili*, schwadroniert lebenslustig auf den Piazze, spricht in den Lokalen munter dem zu, was Leib und Seele zusammenhält, und rieselt unter wackeligen Mauern in winzigen Kanälen, den *rii*, dahin, bis es sich in Seen und Lagunen verliert, die sich bis an die purpurnen Hügel erstrecken. In der alten Stadt mit ihrem Kern aus drei aufeinanderfolgenden Plätzen – mit Palästen und Kirchen aus Mittelalter und Renaissance – ist die Gegenwart fühlbar, sie pulst, flaniert und ergeht sich in Müßiggang. Der Geist Mantuas ist nicht Melancholie, wie in Pavia, nicht Nüchternheit, wie in Mailand. Nirgendwo ist die Lombardei so südlich, so sinnenfroh geprägt wie hier.

Die ersten Siedler, Etrusker und Gallier, sicherten sich durch die Lage im sumpfigen Mündungsgebiet des Mincio in den Po gegen ihre Feinde ab. 70 v. Chr. wurde ganz in der Nähe der große römische Dichter Vergil geboren. Mantua (62 000 Ew.), bis heute markant von Wasser, Wiesen und Wäldern umgeben, machte danach lange Zeit kaum von sich reden. Bis sich Mantua in der Renaissance unter der Herrschaft der Gonzaga anschickte, als prunkvoll ausgebauter Hofsitz andere Städte, vor allem die Erzrivalin Verona, zu übertrumpfen.

Cremona spielte einst die erste Geige beim Bau der Streichinstrumente – besichtigen kann man viele der Meisterstücke auch heute noch

MARCO POLO TIPS FÜR MANTUA UND DEN SÜDOSTEN

1 Piazza delle Erbe in Mantua
Prall bestückte Obst- und Gemüsestände und die schönsten Fassaden Mantuas (Seite 85)

4 Palazzo Ducale in Mantua
Größter Schloßkomplex Italiens (Seite 85)

3 Cremona
Wohnhäuser, Museen und Schulen hängen voller Geigen (Seite 88)

4 Hotel San Lorenzo
In Mantua – traumhafter Blick von der Dachterrasse über *la città storica* (Seite 87)

Vom Glanz dieser vier Jahrhunderte eines kontinuierlichen Aufstiegs zehrt die Stadt bis heute: Claudio Monteverdi brillierte als Hofkapellmeister, der Dichter Torquato Tasso schnorrte bei seinem Gönner, dem Herzog, und Peter Paul Rubens arbeitete einige Zeit hier. Doch im kollektiven Unterbewußten ist der Sieg über Moder und Moskitos als Höhepunkt stadtgeschichtlicher Entwicklung vermerkt. Im 13. Jh. begann man, das seit ewigen Zeiten bedrohliche Sumpf- und Überschwemmungsgebiet zu entwässern, die Flüsse zu regulieren, die Seen aufzustauen und die Stadt in strategisch günstiger Insellage, die nicht ausschließlich Werk der Natur war, neu zu befestigen. Wer sich heute Mantua von Norden her nähert, fährt über eine lange Brücke zwischen den Seen – Lago di Mezzo, Lago Superiore und Lago Inferiore – auf eine Altstadt zu, die schon von weitem durch ihre eindrucksvolle Silhouette imponiert. Vielleicht mutet in Mantua deshalb alles so leicht an, weil die Stadt unter so schweren Mühen erbaut worden ist. (H 6)

BESICHTIGUNGEN

Arengario
Am Nordosteck der Piazza delle Erbe steht das um 1300 erbaute ehemalige Versammlungshaus. Ein Ort zum Gruseln: Im Bogen des Arengario hängen noch die abgeschürften Eisenringe, an denen einst Übeltäter zur Marter festgebunden wurden.

Broletto
Den Amtssitz des Bürgermeisters gibt es an der V. Broletto schon seit 1190, doch erst 1277 wurde er vollendet. In einer Nische neben dem Nordportal ist das Relief eines schreibenden Mannes zu sehen – Vergil, 1227 von einem unbekannten Meister dargestellt.

Castello S. Giorgio/ Palazzo Ducale
Der mächtige Festungskomplex am Ufer des Sees im Stil spätgotischer Militärarchitektur, mit Ecktürmen und von einem Gra-

ben umgeben, wurde im 15. Jh. grundlegend verändert, als Markgraf Ludovico Gonzaga die Innenräume zu Wohnungen umbauen ließ. Andrea Mantegna malte 1474 die berühmte *Camera degli Sposi* aus. Weil die restaurierten Fresken extrem empfindlich gegen Ausdünstungen sind, dürfen Besucher nur für zehn Minuten in den pavillonartigen Raum. Beherrscht sind die Wände von den Szenen eines Großfreskos: Ludovico im Kreise seiner Familie; Ludovico beim Empfang seines Sohnes Francesco, der als frischgebackener Kardinal aus Rom zurückkehrt; Frauen und Putten auf der Balustrade; das Deckengewölbe als gemalter Himmel. In der Illusionsarchitektur war auch noch Platz für den Meister selbst: Mantegna verewigte sich im ornamentalen Fries eines Pilasters. Gegenüber liegt der ★ Palazzo Ducale: Umbauten, Anbauten, Neubauten. Mehrere Generationen der Herrscherfamilie Gonzaga haben hier zwischen dem 13. und 18. Jh. gebaut – nach dem Geschmack ihrer jeweiligen Zeit. So entstanden acht Baukörper, neun Innenhöfe und drei Gärten auf einer Fläche von 34 000 qm. Größenwahnsinnige Ausmaße für einen Herzogspalast, der mit über 500 Räumen Italiens größter Schloßkomplex ist. Über die Piazza Castello sind die Flügel mit dem mittelalterlichen Castello S. Giorgio verbunden. Man könnte tagelang durch prunkvolle Säle mit flämischen Wandteppichen und freskengeschmückten Wänden und Decken, durch Galerien, Türme, Gänge, Stallungen und die Schloßkirche *S. Barbara* streifen, darf aber nur der Führung folgen. *Mo–Sa 9–13 und 14.30 bis 18, So 9–13 Uhr, 10 000 Lit*

Palazzo del Tè

Mit diesem Lustschloß wurde Baugeschichte geschrieben. Die prächtige Zweitresidenz lag im 16. Jh. außerhalb der Stadt, heute ist sie, am südlichen Stadtrand, vom Palazzo Ducale in 20 Minuten zu Fuß zu erreichen. Der Raffael-Schüler Giulio Romano schuf einen manieristischen Palast in der Anlage einer römischen Villa. Langgestreckte, einstöckige Flügel fassen einen quadratischen Mittelhof ein. *Di–So 9–12 und 14.30–17 Uhr, 14 000 Lit*

Piazza delle Erbe

★ Der traditionelle Marktplatz mit reich bestückten Obst- und Gemüseständen – schon seit dem 12. Jh. – und den vielleicht schönsten Fassaden Mantuas. Zinnenbekrönt der *Palazzo della Ragione*, das um 1250 gebaute einstige Rathaus. Die Kolonnaden stammen aus der Renaissancezeit, auch die stämmige *Torre dell'Orologio*. Die große astronomische Uhr (von Bartolomeo Manfredi) zeigt der Bevölkerung seit dem 15. Jh. nicht nur die Zeit an, sondern auch die geeigneten Tage für den Aderlaß, den Besuch beim Arzt, das Beschneiden der Reben, den Beginn von Reisen und sogar das Zuschneiden von Kleidungsstücken. Besonders anmutig ist die *Casa Boniforte* an der Ecke zur Piazza Mantegna wegen ihrer Terrakottadekorationen.

S. Andrea

Ein kleiner Platz mit einer gewaltigen Kirche: S. Andrea. Das wuchtige Renaissance-Gotteshaus nach Entwürfen des Florentiners Leon Battista Alberti erhielt einen gotischen Campanile aufgestülpt. Das Eingangsportal ist turmhoch, die Rundung setzt sich in der Tonnenwölbung des monumentalen Innenraums fort. Das Innere der Kirche unterscheidet sich vom üblichen Schema einer Basilika: Weite Bogenöffnungen und pilastergerahmte Wandfelder wechseln sich ab, im unteren Bereich öffnen sich die Rechteckportale zu kleinen Seitenkapellen. S. Andrea wurde zum Prototyp der Wandpfeilerkirche, wie sie der Barock baute. Das Langhaus ist reich mit Fresken ausgestattet und beherbergt die Grabesstätte von Mantegna, der 1506 in Mantua starb. *P. Mantegna*

MUSEEN

Museo F. Gonzaga

Diözesanmuseum mit Gemälden des 15. bis 18. Jhs., Hellebardenrüstungen und Goldschmiedearbeiten. *P. Virgiliana 55, Di bis So 9.30–12 und 14.30–17, Juni bis Aug. 9.30–12 und 15–17.30 Uhr, 6000 Lit*

Palazzo d'Arco

Eine naturgeschichtliche Sammlung im klassizistischen Gebäude. *P. d'Arco 1, Di–So 9–12 und 15 bis 17 Uhr, 6000 Lit*

RESTAURANTS

Aquila Nigra

Im »Schwarzen Adler« ist man der Regional- und Traditionsküche auf höchstem Niveau verpflichtet. Tip: Fisch aus dem Mincio kosten. *Vicolo Bonacolsi 4, Tel. 03 76/35 06 51, So, Mo und im Aug. geschl., Kategorie 1–2*

Il Cigno

In einem freskengeschmückten Palast aus dem 16. Jh. werden köstliche Gerichte nach uralten Rezepten serviert – wie einst am Renaissancehof der Gonzaga. *P. d'Arco 1, Tel. 03 76/32 71 01, Mo und Di geschl., Kategorie 2*

Due Cavallini

Die Trattoria offenbart zwei Vorlieben der Mantuaner: Schweinefleisch und verführerische Süßigkeiten en masse. *V. Salnitro 5, Tel. 03 76/32 20 84, Di und im Aug. geschl., Kategorie 2*

Ochina Bianca

Hier schmecken die *tortelli alla zucca* (mit Kürbis gefüllte Teigtaschen) besonders gut. *V. Finzi 2, Tel. 03 76/32 37 00, Di-Mittag und Mo geschl., Kategorie 2*

EINKAUFEN

Die schönsten Kleider-, Schuh- und Designboutiquen befinden sich in der *Via Roma* und am *Corso Umberto I.*

HOTELS

Bianchi Stazione

Kürzlich renoviertes Haus direkt am Bahnhof, etwas laut. *P. Don Leoni, Tel. 03 76/32 15 04, 50 Zi., Kategorie 2*

Broletto

Moderner Hotelbetrieb in scheinbar altem Gemäuer. Aber die Fassade versteckt den Neubau im historischen Zentrum. *V. Accademia 1, Tel. 03 76/32 67 84, Fax 22 12 97, 16 Zi., Kategorie 2*

Due Guerrieri
Für dieses etwas altmodische Hotel spricht die Toplage. *P. Sordello, Tel. 03 76/32 55 96, Fax 32 96 45, 50 Zi., Kategorie 2*

La Rinascita
Pension in ruhigem Wohnviertel, dennoch nahe zum Zentrum. *V. Concezione 4, Tel. 03 76/32 06 07, 11 Zi., Kategorie 3*

San Lorenzo
★ Erstes Haus in Mantua, elegant möbliert, beste Lage, schöner Blick von der Dachterrasse über die Dächerlandschaft. *P. Concordia 14, Tel. 03 76/22 05 00, Fax 32 71 94, 48 Zi., Kategorie 1–2*

JUGENDHERBERGE

Sparafucile
Historischer Turmbau, der in Verdis Rigoletto eine Rolle spielt. *Anfahrt über die Straße Richtung Nogara und Legnago; Bus 2 und 9 ab P. Cavalotti. Strada Legnaghese, Tel. 03 76/37 24 65 und 32 75 52, April bis Okt., 66 Betten, Übernachtung 20 000 bis 25 000 Lit*

CAMPING

Sparafucile
Auf dem Gelände der Jugendherberge, Sanitäranlagen und Selfservice der Jugendherberge. *Tel. 03 76/37 24 65, April bis Okt.*

AM ABEND

Antica Hostaria Leoncino Rosso
Die Kneipe unter einem Torbogen zwischen Piazza delle Erbe und Piazza Broletto wird von jungen Leuten geführt, die stolz sind auf ihre selbstgemachten Nudeln. Gute Weinauswahl, drinnen farbentolle Bilder an den Wänden, draußen marode Stühle.

Osteria delle Quattro Tette
Das in einem Seitengäßchen der Via Cavour versteckte Restaurant bietet nur zwei Gerichte, die auf einer Tafel vermerkt sind, ist aber konkurrenzlos günstig. Beliebt bei jungen Einheimischen und oft rappelvoll.

AUSKUNFT

APT
P. Andrea Mantegna 6, Tel. 03 76/35 06 81

ZIELE IN DER UMGEBUNG

Crema
Die Stadt (34 000 Ew.) 100 km nordwestlich wuchs auf der Insel eines Sees, der inzwischen ausgetrocknet ist. Seit dem 12. Jh. systematisch entsumpft, entwickelte sie sich zur Land- und Industriestadt mit erhaltenem fünfeckigen Mauerring. Der romanisch-gotische *Dom* – mit dem berühmten Tafelbild der Heiligen Sebastian, Rochus und Christophorus (Meisterwerk von Vincenzo Civerchio) – stammt aus dem 13., das *Rathaus* und der *Torrazzo* genannte Turm aus dem 16., der *Palazzo Pretorio* aus dem 17. Jh. Kostbare Fresken und Bilder beherbergt die Wallfahrtskirche *Santa Maria della Croce* aus dem 15. Jh. Das *Museo Civico (V. Dante 49, Mo–Fr 14.30–18.30, Sa 9–12, So 10–13 Uhr, kein Eintritt)* hat drei Abteilungen: Archäologie, Geschichte und Kunstgeschichte. Im *Circolo Enoteca (P. Trento e Trieste 14, So und im Aug. geschl.)* Verkostung lombardischer Weine. (E 5)

Cremona

★ Nicht der Himmel über Cremona (83 000 Ew.) hängt voller Geigen, sondern das *Museo Stradivariano im Palazzo Affaitati (V. Palestro 17, Di–Sa 9.30–12.30 und 15–18, So 9.30–12.30 Uhr, 4000 Lit).* Giacomo Antonio Stradivari machte den Geigenbau der Stadt in schöner Lage am Po ebenso legendär wie Guarneri und Amati zwischen dem 16. und 18. Jh. Nach wechselnden Herrschaften fiel Cremona 1441 an die Sforza – friedlich, als Mitgift der Fürstentochter Bianca Maria aus dem Geschlecht der Visconti. Anläßlich dieser Hochzeit soll zum erstenmal der *torrone* gereicht worden sein, das Nougatnaschwerk mit Honig, gerösteten Mandeln und anderen Zutaten. Der Name der heute weltberühmten Süßigkeit, inzwischen Cremonas wichtigster Verkaufsartikel, soll vom *Torrazzo*, dem 111 m hohen Uhrturm aus dem 13. Jh., dem höchsten Campanile Italiens, abgeleitet sein. Außer dem Süßen und der Musik besitzt Cremona einen von Löwen aus rotem Veroneser Marmor bewachten *Dom* mit romanischen Steinmetzarbeiten und *Paläste* im Stil der Spätgotik. Die Gemäldesammlung im *Museo Civico Ala Ponzone (V. Ugolani Dati 4, Di–Sa 9.30–12.30 und 15–18, So 9.30–12.15 Uhr)* versammelt hauptsächlich Cremoneser Meister. Die *Piazza del Comune* ist der belebte Mittelpunkt

Lichtdurchflutete Säle und filigrane Fresken: der Palazzo Ducale in Mantua

der Stadt, in der Fußgängerzone *Corso Matteotti* liegen die besten Geschäfte. Mehr als einen Blick wert ist der ganz mit Holz vertäfelte Feinkostladen *Negozio Sperlari (V. Solferino 25).* Zu einem guten Preis-Leistungs-Verhältnis speist man im *Restaurant Ceresole (V. Ceresole 4, Tel. 03 72/2 33 22, So-Abend, Mo und im Aug. geschl., Kategorie 1–2).* Ein Spitzenrestaurant in Spitzenlage zwischen Dom und Torrazzo im *centro storico* ist das *Aquila Nera (V. Sicardo 3, Tel. 03 72/2 56 46, So-Abend, Mo und im Aug. geschl., Kategorie 1).* Nächtigen kann man im *Continental (P. Libertà 27, Tel. 03 72/43 41 41, 57 Zi., Kategorie 1)* oder, bescheidener und preiswerter, im *Impero (P. della Pace 23, Tel. 03 72/2 07 16, 28 Zi., Kategorie 3). Auskunft: APT, P. del Comune 5, Tel. 03 72/2 32 33* (F 6)

Pomponesco Mantova

Das Städtchen 50 km südwestlich an der Grenze zur Emilia-Romagna, unter den Gonzaga ein blühendes Gemeinwesen, ist von abstoßenden Neubauten umzingelt. Deshalb beeindruckt der um die *Piazza 4 Martiri* erhaltene historische Kern besonders. Das Haus Nr. 4, ein Palazzo aus dem 16. Jh., ist das *Leone (Tel. 03 75/8 60 77, 8 Zi., Hotel Jan., Restaurant So-Abend und Mo geschl., Kategorie 2).* Der »Löwe« ist wegen des erlesenen Essens und der guten Weine in ganz Italien bekannt. (O)

Sabbioneta

Vespasiano Gonzaga wollte 1554 die ideale Renaissancestadt bauen. Mit Stadtmauern, Wohngebieten und Stadtzentrum entstand Sabbioneta (35 km südwestlich) in wenigen Jahren. Statt zur Residenz reichte es aber nur zur Landwirtschaftssiedlung. Die typische *Renaissanceanlage* ist noch gut zu erkennen, *Mauer* und *Wassergraben* sind komplett erhalten, und das *Teatro Olimpico* ist umfassend restauriert worden.Gut speisen läßt es sich im *Parco Cappuccini (V. Santuario 30, Tel. 03 72/ 55 20 05, Mo und im Juli geschl., Kategorie 2),* einem Palazzo aus dem 18. Jh. voller Antiquitäten und in einer Parklandschaft gelegen. Zu empfehlen ist beispielsweise der *riso con salsiccia,* Reis mit scharf gewürzter Wurst. (O)

San Benedetto Po

Die Fahrt in den im 10. Jh. mit einer Benediktinerabtei gegründeten Ort (8000 Ew.) von Mantua aus ist ein großes Erlebnis: Sie führt 20 km durch die epische Flußlandschaft des Po, der in einer großen Schleife wunderschön dahinzieht. Die erst romanische, dann in den Formen der Spätgotik umgebaute Kirche *S. Benedetto* wurde ab 1503 pompös im Stil der Renaissance umgestaltet. Die monumentale, reich verzierte Fassade schuf Giulio Romano, eines der größten Talente jener Epoche. Der Innenraum ist gesäumt von 32 Terrakottastatuen. Dort befindet sich auch das *Museo della Cultura Popolare Padana Polironiano (P. T. Folengo 2, März bis Mai Di–So 9.30–12 und 14–17.30, Juni bis Okt. 9.30–12 und 15.30–19 Uhr, 6000 Lit),* das vor allem die volkskundliche Entwicklung der Po-Ebene dokumentiert und kolorierte Manuskripte und Chorpartituren aufbewahrt, durch die das Kloster seit einem halben Jahrtausend berühmt ist. (H6)

Von Auskunft bis Zoll

Hier finden Sie kurzgefaßt die wichtigsten Adressen und Informationen für Ihre Lombardei-Reise

AUSKUNFT

Staatliches Italienisches Fremdenverkehrsamt Enit
Berliner Allee 26, 40212 Düsseldorf, Tel. 02 11/13 22 31
Kaiserstr. 65, 60329 Frankfurt, Tel. 0 69/23 74 30
Goethestr. 20, 80336 München, Tel. 0 89/53 03 69
Kärntnerring 4, 1010 Wien, Tel. 02 22/50 54 37 40
Uraniastr. 32, 8001 Zürich, Tel. 01/2 11 36 33

ARZT

Ambulanz *(ambulanza) Tel. 7733*
Rotes Kreuz *(croce rossa) 3883*
Zahnarzt *(dentista) 6 70 65 81*
Bei Vergiftungen:
Centro Antiveleni Niguarda 66 10 10 29

AUSWEIS

Mit einem gültigen Paß oder Personalausweis können sich Deutsche, Österreicher und Schweizer bis zu drei Monaten in Italien aufhalten. Kinder bis zu 16 Jahren benötigen entweder einen Kinderausweis oder die Eintragung im Paß der Eltern.

AUTO

Vorgeschrieben sind Führerschein, Fahrzeugschein, Nationalitätenaufkleber. Empfohlen werden die grüne Versicherungskarte und eventuell eine Vollkasko- und Insassenversicherung bzw. ein Auslandsschutzbrief. Auf normalen Straßen in Ortschaften ist die Höchstgeschwindigkeit 50 km/h, ansonsten 90 km/h; auf *autostrade* 130 km/h, auf *superstrade* (Schnellstraßen) 110 km/h. Fahrzeuge mit Bootsanhänger oder Wohnwagen dürfen bis zu 80 km/h auf Autobahnen und bis zu 70 km/h auf Schnellstraßen fahren. Die Gurt- und Sturzhelmpflicht wird immer stärker geprüft. Trampen auf Autobahnen ist streng verboten. Lombardische *autostrade* sind gebührenpflichtig, *superstrade* nicht. Wer beim ADAC, an Schaltern des ACI (italienischer Automobilclub) an der Grenze und an manchen Raststätten eine Viacard zu 50 000 oder 90 000 Lit erwirbt, kann damit bargeldlos die Mautstellen passieren und vermeidet Wartezeiten. Österreich verlangt über den Brenner eine Maut: 130 öS (19 DM), die Autobahnvignette in der Schweiz kostet rund 35 DM. Inzwischen gibt es bleifreies Benzin *(senza piombo)* an fast allen Tankstellen. Wegen der sonst zu niedrigen Oktanzahl ist es ratsam, stets Super zu tanken. Der staatlich festgelegte Benzinpreis ist relativ hoch. Die Tankstellen sind *wochentags überwiegend von 7.30–12.30 und 15–19 Uhr geöffnet, sonntags nur vereinzelt, an autostrade durchgehend.*

BABY

Ein gut funktionierender Babysitter-Service in Mailand: *V. Vittadini 3, Tel. 02/54 54 54.* Die Bezahlung ist (vorherige) Verhandlungssache, mindestens 30 000 Lit.

BANKEN

Geldwechsel

Die Banken sind in größeren Ortschaften meistens *Mo bis Fr 8.20–13.20 und 14.45–15.45 Uhr* geöffnet, in kleineren Ortschaften üblicherweise nur vormittags. Eurocheques können bis zu einer Summe von 300 000 Lit pro Scheck eingelöst werden. Die gleiche Summe erhält man auch aus mit dem EC-Logo gekennzeichneten Bancomaten. Es lohnt sich, in Italien zu tauschen, der Kurs ist günstiger.

Kreditkarten

In besseren Restaurants, Hotels, Geschäften und bei Autovermietungen werden sie als Zahlungsmittel akzeptiert.

DIPLOMATISCHE VERTRETUNGEN

Deutsches Konsulat

Mailand, V. Solferino 40, Tel. 02/6 55 43 25

Österreichisches Konsulat

Mailand, V. Tranquillo Cremona 27, Tel. 02/4 81 20 66

Schweizer Konsulat

Mailand, V. Palestro 2, Tel. 02/76 00 92 84

LEIHWAGEN

Die großen Autoverleihfirmen haben Vertretungen in allen größeren Orten in Bahnhofs- und Flughafennähe. Avis *Tel. 02/71 72 14,* Europcar *02/73 82 72,* Hertz *02/7 38 45 80*

NOTRUF

Pronto soccorso von jedem öffentlichen Fernsprecher: Carabinieri *112;* Vigili del fuoco (Feuerwehr) *115;* Notarzt, Polizei, Rettungswagen *113;* Pannenhilfe *116*

ÖFFNUNGSZEITEN

Lebensmittelgeschäfte sind werktags meist *8.30–13 und 17 bis 19.30 Uhr* geöffnet. Alle anderen Läden, Boutiquen, Supermärkte und Warenhäuser öffnen üblicherweise *8.30/9–12.30 und 15.30 bis 19.30 Uhr.* In Mailand sind Mo vormittags alle Geschäfte, außer Lebensmittelläden, geschlossen, in lombardischen Ortschaften an einem Nachmittag in der Woche.

POST/TELEFON

Ufficio Postale (Post) und SIP (Telefonamt) sind zweierlei Institutionen. Die Postämter haben Mo–Fr 8.15–13.45 und Sa 8.15–11.45 Uhr geöffnet. Briefmarken erhält man auch in *Tabacchi*-Läden, die mit T ausgeschildert sind. Von allen öffentlichen Telefonapparaten kann man auch ins Ausland telefonieren. Dazu werden *gettoni* (Telefonmünzen zu 200 Lit), 100-, 200- und 500-Lire-Münzen oder Magnetkarten zu 5 000 oder 10 000 Lit benötigt.

SPORT

Angeln
Für Flüsse und Seen beim zuständigen Fremdenverkehrsamt eine Erlaubnis erbitten.

Reiten
In der Lombardei weit verbreitet. Fremdenverkehrsämter geben Auskunft über Reitställe und Pferdevermietungen. Eine Stunde kostet meistens 30 000 Lit.

Skifahren
Im gesamten Alpengebiet, teilweise auch im Sommer.

Tennis
In allen großen Ortschaften kann gespielt werden, viele Hotels haben eigene Plätze.

Wandern und Bergsteigen
Die Wanderwege sind überwiegend gut ausgeschildert. Informationen über Hochgebirgs- und Klettertouren erteilt der italienische Alpenverein: *Club Alpino Italiano (CAI), V. Ugo Foscolo 3, 20100 Milano, Tel. 02/86 46 30 70*

Wassersport
An fast allen Seen können Segel- und Motorboote sowie Surfbretter gemietet werden.

STROMSPANNUNG

220 Volt, aber in den meisten Häusern passen nur Flachstecker. Ein Adapter ist von Nutzen.

TIERE

Italiener mögen die Lieblinge des Menschen, doch sie müssen mindestens 30 Tage vor Grenzantritt gegen Tollwut geimpft sein, und das muß mittels eines Impfpasses belegbar sein. Tierärztliche Nothilfe in Mailand: *Ambulanza Veterinaria, Tel. 02/5 45 13 98*

TRINKGELD

Nicht zu knauserig sein! Kellner bekommen zehn Prozent (einfach auf dem Wechselgeldteller liegenlassen), Zimmermädchen und Kofferträger eine angemessene finanzielle Zuwendung.

UNTERKUNFT

Agriturismo
Der Urlaub auf dem Bauernhof ist in der Lombardei stark im Kommen. Viele Hofbesitzer bieten auch Stellplätze für Campingmobile und Zelte an. Adressenverzeichnisse: *Agriturist, Corso Vittorio Emanuele 101, 00186 Roma, Tel. 06/6 85 21*

Camping
Wildes Campen ist in der Lombardei verboten und kann gefährlich sein. Es gibt ausreichend offizielle Campingplätze; die Enit-Büros vergeben die *carta d'Italia parchi campeggio*, auf der die meisten Plätze vermerkt sind. Auskunft erteilt auch der ADAC.

Hotels
Die Preise haben in den letzten Jahren stark angezogen, halten sich aber in letzter Zeit auf etwa gleichbleibendem Niveau. Die an der Innenseite der Zimmertür angegebenen Preise sind verbind-

lich. Das Preis-Leistungs-Verhältnis kann nicht immer befriedigen. Bei Beschwerden wende man sich an die Fremdenverkehrsämter.

Jugendherbergen

Das bisher recht schmale Angebot verbreitert sich allmählich. Auskunft über den aktuellen Stand erteilen die Enit-Büros und die lokalen Fremdenverkehrsämter.

ZEITUNGEN

Alle führenden deutschsprachigen Zeitungen und Magazine sind in Mailand und den größeren lombardischen Ortschaften, erfreulich oft sogar in kleinen Orten erhältlich.

ZOLL

Zwar gibt es innerhalb der EU für Privatreisende keine Zollgrenzen mehr, dennoch muß auf dem Weg nach Italien in Österreich und der Schweiz mit Zollkontrollen gerechnet werden. Der Tourist sollte Waren wirklich nur »für den persönlichen Verbrauch« mit sich führen. Bei größeren Mengen Wein u.a. muß die Ware an den Grenzen beider Alpenrepubliken deklariert werden.

WETTER IN MAILAND

Die monatlichen Durchschnittswerte im Überblick

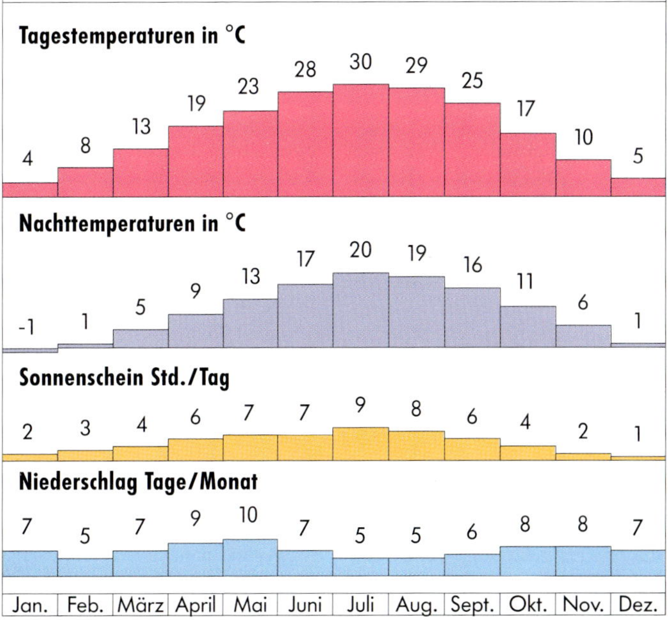

Bloß nicht!

Worauf man achten sollte,
um sich nicht zu ärgern oder zu blamieren

Mit Camper oder Wohnmobil von Lugano nach Porlezza
Die Straße ist hier extrem eng, die Tunnel sind schmal und schlecht oder gar nicht beleuchtet. Da muß man schon im Pkw scharf aufpassen, anstatt das Panorama des Luganer Sees zu genießen. An vielen Stellen passen zwei breitere Gefährte nicht aneinander vorbei.

Mit dem Fahrrad durch Mailand
Die lombardische Hauptstadt besitzt 23 km Fahrradwege. Doch sie sind fast durchweg von parkenden Autos und mit Müllsäcken vollgestellt. Wer sich trotzdem auf Pedalen in den allmächtigen Autoverkehr wagt – es gibt mehrere Fahrradverleihstationen –, ist zumindest ein Abenteurer, wahrscheinlich aber ein Hasardeur.

Tangenziale nach Mailand
Heute ist bereits der vierte Stadtring um Mailand, die Autobahn – in den fünfziger Jahren auf stadtfernen Feldern angelegt –, siedlungsmäßig übersprungen. Die Zufahrtsstraßen sind endlos – und eine endlose Qual wegen ständiger Baustellen, hoffnungsloser Verkehrsüberlastung und miserabler Beschilderung.

Zebrastreifen ernst nehmen
Wer sich bei der Straßenüberquerung mit Motorisierten anlegt, wird mit höchster Wahrscheinlichkeit den kürzeren ziehen, denn in der Lombardei gilt, was das Verkehrsverhalten betrifft, das Recht des Stärkeren. Vor allem in Mailand, wo die Menschen ständig unter Strom stehen, sollte man Kollisionen lieber vermeiden.

Sich neppen lassen
Das »Downtown«-Café-Restaurant in Mailands Galleria Vittorio Emanuele II ist das Musterbeispiel einer üblen Touristenfalle. Überteuerte Preise für durchschnittliche Gerichte, schlechter Service und, am schlimmsten, eine Kellnerarroganz, die dazu geführt hat, daß Mailänder diesen Ort schon lange meiden.

Gutgläubig sein
Mailands Via Fiori Chiari ist eine schöne Fußgängerzone. Dort sitzen hinter kleinen Tischen und in flackerndem Kerzenlicht bizarr gekleidete Figuren, die Handlinien deuten, Karten legen, pendeln oder kryptisch murmeln, um danach die Hand aufzuhalten. Ihre Aussagen sind von mehr als zweifelhaftem Wert.

In diesem Register sind alle in diesem Führer erwähnten Orte und Ausflugsziele verzeichnet

Was bekomme ich für mein Geld?

Das Preisniveau in der Lombardei, vor allem in Mailand, ist hoch, aber die Lira ist schwach – davon profitiert der Reisende. Er steht noch besser da, wenn er sein Geld überlegt ausgibt. Beispiel: Der Cappuccino an der Theke kostet 1700 Lit, wer ihn aber am Tischchen sitzend trinkt, bekommt vom Kellner mit dem heißen Getränk einen Kassenbon, auf dem mitunter das Vierfache des nationalen Standardpreises steht, in Mailands Galleria Vittorio Emanuele II gar das Fünffache. Die Taxifahrt vom Mailänder Flughafen Linate zum Domplatz kostet etwa 30000 Lit, wer mit dem Bus (6000 Lit) bis zur Stazione Centrale und mit der U-Bahn (1300 Lit) weiterfährt, fährt entschieden besser. Für die Eisenbahnkarte bezahlt man ein Drittel weniger als in Nordeuropa. Wer dagegen mit dem Auto fährt, muß mehr ausgeben: hohe Benzinkosten (1800 Lit für einen Liter Super) und Mautgebühren auf der Autobahn (ca. 1000 Lit für 10 km). Alle Dienstleistungen sind teuer. Wer in einer Pizzeria oder Rosticceria ißt, spart oft mehr als die Hälfte dessen, was ein Menü im Restaurant kostet (so gut wie nie unter 25000 Lit). Für sechs Minuten Ortsgespräch werden 200 Lit benötigt, für Karten und Briefe 750 Lit. Die Kinokarte kostet mindestens 10000, Konzert- und Theaterkarten ab 30000 Lit, ebenso der Eintritt in Diskotheken.

DM	Lit	Lit	DM
1	962	100	0,10
2	1.924	500	0,52
3	2.886	1.000	1,04
4	3.848	1.500	1,56
5	4.810	2.000	2,08
10	9.620	5.000	5,20
20	19.240	10.000	10,40
25	24.050	20.000	20,80
30	28.860	25.000	26,00
40	38.480	30.000	31,20
50	48.100	40.000	41,60
75	72.150	50.000	52,00
100	96.200	60.000	62,40
200	192.400	70.000	72,80
250	240.500	80.000	83,20
300	288.600	90.000	93,60
500	481.000	100.000	104,00
750	721.500	500.000	520,00
1.000	962.000	1.000.000	1.040,00
2.000	1.924.000	2.000.000	2.080,00

Auch wenn die Tausender, die Sie für Schinken und Käse, Wein und Grappa hinblättern müssen, nur Lire sind: Billig ist die Lombardei nicht